böhlau

Exekutivhistorische Schriftenreihe

Herausgegeben von
Joachim Steinlechner und Michael Beyrer

Band 1

Joachim Steinlechner

Gendarmerie-Chroniken in Österreich

Ein Grundsatzwerk

BÖHLAU

≡ **Bundesministerium**
Inneres

Veröffentlicht mit der freundlichen Unterstützung durch das Bundesministerium für Inneres

Bibliografische Information der Deutschen Nationalbibliothek:
Die Deutsche Nationalbibliothek verzeichnet diese Publikation
in der Deutschen Nationalbibliografie; detaillierte bibliografische Daten
sind im Internet über http://dnb.d-nb.de abrufbar.

© 2025 Böhlau, Zeltgasse 1, A-1080 Wien, ein Imprint der Brill-Gruppe
(Koninklijke Brill BV, Leiden, Niederlande; Brill USA Inc., Boston MA, USA; Brill Asia Pte Ltd, Singapore; Brill Deutschland GmbH, Paderborn, Deutschland; Brill Österreich GmbH, Wien, Österreich)
Koninklijke Brill BV umfasst die Imprints Brill, Brill Nijhoff, Brill Hotei, Brill Schöningh, Brill Fink, Brill mentis, Vandenhoeck & Ruprecht, Böhlau, V&R unipress und Wageningen Academic.

Alle Rechte vorbehalten. Das Werk und seine Teile sind urheberrechtlich geschützt.
Jede Verwertung in anderen als den gesetzlich zugelassenen Fällen bedarf der vorherigen schriftlichen Einwilligung des Verlages.

Umschlagabbildung: Chronik des k. k. Gendarmeriepostens Maxglan
(k. k. Landesgendarmeriekommando Nr. 11, Abteilung Salzburg Nr. 1).
© Bundesministerium für Inneres (BMI).

Korrektorat: Andreas Eschen, Berlin
Einbandgestaltung: Michael Haderer, Wien
Satz: Michael Rauscher, Wien
Druck und Bindung: Hubert & Co, Ergolding
Gedruckt auf chlor- und säurefrei gebleichtem Papier
Printed in the EU

Vandenhoeck & Ruprecht Verlage | www.vandenhoeck-ruprecht-verlage.com
E-Mail: info@boehlau-verlag.com

ISBN 978-3-205-22231-6

INHALT

| VORWORT | 11 |

| 1. | EINLEITUNG | 13 |

2.	ALLGEMEINE GRUNDLAGEN	15
2.1	Zeitliche Abgrenzungen	15
2.2	Räumliche Abgrenzungen	16
2.3	Gendarmerie-Chroniken – Kommandostrukturen	17
2.3.1	Ausgangssituation im Jahr 1918 – allgemein	17
2.3.2	Kommandostrukturen – Gendarmerie	18
2.3.2.1	Landesgendarmeriekommanden (LGK)	18
2.3.2.2	Gendarmerieabteilungskommanden (GAK)	20
2.3.2.2	Bezirksgendarmeriekommanden (BGK)	21
2.3.2.4	Organisation der Landesgendarmeriekommanden	22

3.	GENDARMERIE-CHRONIKEN – RECHTLICHE GRUNDLAGEN	26
3.1	Korpsbefehl Nr. 9 vom 3. Juli 1914	26
3.2	Korpsbefehl Nr. 9 – Befehl LGK Nr. 14 vom 20. Juli 1914	28
3.3	Korpsbefehl Nr. 9 – Tagsbefehl LGK Nr. 11 vom Juli 1914	30
3.4	Korpsbefehl Nr. 9 – Befehl LGK Nr. 6 vom 13. Juli 1914	32

4.	QUELLENGRUNDLAGEN 1850–1914	33
4.1	Gendarmeriegesetz (GG) 1850	33
4.2	Dienst-Instruction für die Landes-Gensd'armerie 1850	34
4.3	Kanzleivorschrift für die k. k. Gendarmerie 1893	36
4.4	Gendarmeriedienstinstruktion (GDI) 1895	36
4.5	Kanzleivorschrift für die k. k. Gendarmerie, I. Teil 1904	38
4.5.1	I. Abschnitt „Allgemeine Bestimmungen"	38
4.5.2	II. Abschnitt „Führung der Protokolle"	39
4.6	Kanzleivorschrift für die k. k. Gendarmerie, II. Teil 1904	41

5.	QUELLENGRUNDLAGEN 1914–1955	45
5.1	Erlass des Bundeskanzleramtes 1923	45
5.2	Erlass des Bundeskanzleramtes 1924	46

5.3	Erlass des Bundeskanzleramtes 1927	47
5.4	Gendarmerievorschriften – Ökonomisch-administrativer Teil 1931	52
5.5	Gendarmerievorschriften – Ökonomisch-administrativer Teil 1936	53
5.6	Befehle der LGK von 1914–1938 – exemplarisch	53
5.6.1	LGK für Niederösterreich	53
5.6.2	LGK für Oberösterreich	54
5.6.3	LGK für Steiermark	55
6.	QUELLENGRUNDLAGEN 1938–1955 – EXEMPLARISCH	57
6.1	LGK für Niederösterreich	57
6.2	LGK für Oberösterreich	57
6.3	LGK für Steiermark	58
6.4	LGK für Vorarlberg	60
7.	QUELLENGRUNDLAGEN 1955–2005	61
7.1	Kanzleivorschrift für die österreichische Bundesgendarmerie 1956	61
7.1.1	A. Allgemeine Vorschriften	61
7.1.2	B. Besondere Vorschriften für die Gendarmerieposten- und Bezirksgendarmeriekommanden	62
7.1.3	C. Besondere Vorschriften für die Gendarmerieabteilungskommanden	63
7.1.4	D. Besondere Vorschriften für die Landesgendarmeriekommanden	64
7.2	Erlass des Bundesministeriums für Inneres 1961	65
7.3	Kanzleivorschrift für die österreichische Bundesgendarmerie 1980	66
7.4	Erlass des Bundesministeriums für Inneres 1982	67
7.5	Erlass des Bundesministeriums für Inneres 1994	67
7.6	Sicherheitspolizeigesetz – SPG-Novelle 2005	69
7.7	Erlass des Bundesministeriums für Inneres 2005	69
7.7.1	LPD Steiermark	70
7.7.2	LPD Niederösterreich	70
7.7.3	LPD Burgenland	71
7.7.4	LPD Oberösterreich	71
7.7.5	LPD Kärnten	72
8.	GENDARMERIE-CHRONIKEN – BESONDERER TEIL 1850–2005	73
8.1	Allgemeines	73
8.2	Bundesministerium für Inneres – Zentralstelle	73
8.2.1	Chronik des Gendarmerie-Beschaffungsamtes	73

8.3	LGK Vorarlberg	75
8.3.1	Allgemein	75
8.3.2	Landesgendarmeriekommando (LGK)	78
8.3.3	Bezirk Bludenz	78
8.3.4	Bezirk Bregenz	79
8.3.5	Bezirk Dornbirn	81
8.3.6	Bezirk Feldkirch	81
8.3.7	Zusammenfassung	82
8.4	LGK Steiermark	83
8.4.1	Allgemein	83
8.4.2	Landesgendarmeriekommando (LGK)	84
8.4.3	Bezirk Bruck-Mürzzuschlag	85
8.4.4	Bezirk Deutschlandsberg	88
8.4.5	Bezirk Graz-Umgebung	90
8.4.6	Bezirk Hartberg-Fürstenfeld	92
8.4.7	Bezirk Leibnitz	94
8.4.8	Bezirk Leoben	96
8.4.9	Bezirk Liezen	97
8.4.10	Bezirk Murau	100
8.4.11	Bezirk Murtal	101
8.4.12	Bezirk Südoststeiermark	103
8.4.13	Bezirk Voitsberg	105
8.4.14	Bezirk Weiz	106
8.4.15	Zusammenfassung	107
8.5	LGK Tirol	108
8.5.1	Allgemein	108
8.5.2	Landesgendarmeriekommando (LGK)	110
8.5.3	Bezirk Imst	110
8.5.4	Bezirk Innsbruck-Land	111
8.5.5	Bezirk Kitzbühel	113
8.5.6	Bezirk Kufstein	115
8.5.7	Bezirk Landeck	116
8.5.8	Bezirk Lienz	117
8.5.9	Bezirk Reutte	118
8.5.10	Bezirk Schwaz	119
8.5.11	Zusammenfassung	120
8.6	LGK Burgenland	120
8.6.1	Allgemein	120

8.6.2	Bezirk Eisenstadt-Umgebung	122
8.6.3	Bezirk Güssing	123
8.6.4	Bezirk Jennersdorf	124
8.6.5	Bezirk Mattersburg	125
8.6.6	Bezirk Neusiedl/See	125
8.6.7	Bezirk Oberpullendorf	126
8.6.8	Bezirk Oberwart	127
8.6.9	Zusammenfassung	127
8.7	LGK Salzburg	128
8.7.1	Allgemein	128
8.7.2	Landesgendarmeriekommando (LGK)	129
8.7.3	Bezirk Hallein	130
8.7.4	Bezirk Pongau	130
8.7.5	Bezirk Salzburg-Umgebung	132
8.7.7	Bezirk Zell am See	134
8.7.8	Zusammenfassung	136
8.8	LGK Kärnten	137
8.8.1	Allgemein	137
8.8.2	Landesgendarmeriekommando (LGK)	138
8.8.3	Bezirk Feldkirchen	139
8.8.4	Bezirk Hermagor	140
8.8.5	Bezirk Klagenfurt-Land	141
8.8.6	Bezirk Spittal an der Drau	142
8.8.7	Bezirk St. Veit an der Glan	145
8.8.8	Bezirk Villach	146
8.8.9	Bezirk Völkermarkt	147
8.8.10	Bezirk Wolfsberg	149
8.8.11	Zusammenfassung	150
8.9	LGK Niederösterreich	151
8.9.1	Allgemein	151
8.9.2	Landesgendarmeriekommando (LGK)	153
8.9.3	Bezirk Amstetten (inkl. Waidhofen/Ybbs)	153
8.9.4	Bezirk Baden	154
8.9.5	Bezirk Bruck an der Leitha	155
8.9.6	Bezirk Gänserndorf	156
8.9.7	Bezirk Gmünd	157
8.9.8	Bezirk Hollabrunn	157
8.9.9	Bezirk Horn	158

8.9.10	Bezirk Korneuburg	159
8.9.11	Bezirk Krems an der Donau	159
8.9.12	Bezirk Lilienfeld	160
8.9.13	Bezirk Melk	161
8.9.14	Bezirk Mistelbach an der Zaya	162
8.9.15	Bezirk Mödling	162
8.9.16	Bezirk Neunkirchen	163
8.9.17	Bezirk St. Pölten-Land	164
8.9.18	Bezirk Scheibbs	165
8.9.19	Bezirk Tulln	166
8.9.20	Bezirk Waidhofen an der Thaya	166
8.9.21	Bezirk Wiener Neustadt	167
8.9.22	Bezirk Zwettl	168
8.9.23	Zusammenfassung	169
8.10	LGK Oberösterreich	170
8.10.1	Allgemein	170
8.10.2	Landesgendarmeriekommando (LGK)	172
8.10.3	Bezirk Braunau	173
8.10.4	Bezirk Eferding	174
8.10.5	Bezirk Freistadt	175
8.10.6	Bezirk Gmunden	177
8.10.7	Bezirk Grieskirchen	179
8.10.8	Bezirk Kirchdorf a. d. Krems	180
8.10.9	Bezirk Linz-Land	181
8.10.10	Bezirk Perg	182
8.10.11	Bezirk Ried im Innkreis	183
8.10.12	Bezirk Rohrbach	184
8.10.13	Bezirk Schärding	185
8.10.14	Bezirk Steyr-Land	187
8.10.15	Bezirk Urfahr-Umgebung	188
8.10.16	Bezirk Vöcklabruck	189
8.10.17	Bezirk Wels-Land	191
8.10.18	Zusammenfassung	192
9.	GESAMTRESÜMEE	193
10.	ABKÜRZUNGSVERZEICHNIS	196

11. ABBILDUNGS- UND TABELLENVERZEICHNIS 199

12. QUELLEN- UND LITERATURVERZEICHNIS 201

VORWORT

> „Die Gendarmerie besitzt bis jetzt keine geschriebene Geschichte, obwohl in deren Reihen fast täglich Taten vollbracht werden, welche jeden Korpsangehörigen mit Stolz erfüllen müssen."

Mit diesem Einleitungssatz des k. k. Gendarmerieinspektors *Michael Tisljar von Lentulis* (1853–1922) im Korpsbefehl Nr. 9 begann im Juli 1914, wenige Tage vor dem Beginn des Ersten Weltkrieges, die Geschichte der Gendarmerie-Chroniken in Österreich. Eine Historie, die offiziell bis zum 30. Juni 2005 (Aufhebung der verpflichteten Führung der Chroniken) andauerte und – partiell – immer noch andauert. Die „Geschichte der Chroniken" ist natürlich untrennbar mit der „Geschichte der Gendarmerie" verbunden; ein Korps, das im Jahr 1849 gegründet wurde und bis zur Zusammenlegung der Wachkörper in Österreich mit 30. Juni 2005 bestand.

Die Eintragungen in den Chroniken spiegeln nicht nur die dienstlichen Begebenheiten und Vorkommnisse zwischen 1914 und 2005 wider, sondern enthalten darüber hinaus auch zahlreiche Bezüge zu gesellschaftlichen Entwicklungen „in der Zeit". Deshalb sind die Gendarmerie-Chroniken auch unschätzbare historische Quellen, die wissenschaftlich in einer breiten Palette – von exekutivhistorischen Arbeiten bis zu genealogischen Untersuchungen – genützt werden.

Das vorliegende Grundsatzwerk zu den Gendarmerie-Chroniken in Österreich wäre ohne die Mitarbeit der Mitglieder des Fachzirkels „Exekutivgeschichte und Traditionspflege" im Bundesministerium für Inneres (BMI) nicht möglich gewesen. Daher gilt mein Dank zunächst „meinen" Fachzirkel-Mitstreitern aus den Bundesländern für Ihre Erhebungs- und Sicherungstätigkeiten.

Ich darf mich weiters bei der Leitung des Archivs der Republik Österreich und den Leitungen der Landesarchive für die stets kollegiale Zusammenarbeit – auch im Hinblick auf die Archivierungs- und Digitalisierungsarbeiten – bedanken.

Mein Dank gilt auch meinem Dienstgeber, dem Bundesministerium für Inneres, und den Mitarbeitern der Fachabteilung im BMI, Abteilung III-S-3, Historische Angelegenheiten, für die Möglichkeit, dieses Grundsatzwerk verfassen zu können.

Last but not least gilt mein Dank meiner Familie für die fortwährende Unterstützung; auch im Hinblick auf die umfangreichen Recherche- und Publikationstätigkeiten.

Salzburg, Oktober 2024

Mag. Dr. Joachim Steinlechner

Exekutivhistoriker/Traditionsbeauftragter des BMI

Leiter des Fachzirkels „Exekutivgeschichte und Traditionspflege"

im Bundesministerium für Inneres (BMI)

1. EINLEITUNG

Ministerpräsident *Fürst Schwarzenberg* (1800–1852) war es, von dem die Idee ausging, nach dem Muster der lombardischen Gendarmerie ein Gendarmeriekorps für den gesamten Kaiserstaat zu bilden. Über seinen Auftrag wurde dem Ministerium des Innern mit Zuziehung von Vertretern der Ministerien des Krieges, der Finanzen, der Justiz, ferner des Wiener Stadthauptmannes *Noe von Nordberg* (1798–1885), der niederösterreichischen Regierung und des Majors des lombardischen Gendarmerieregimentes *Francois* eine Beratung über die Errichtung einer Gendarmerie für das ganze Gebiet des Kaisertums Österreich gepflogen.[1] Auf Grund des Ergebnisses dieser Beratung erstattete Minister *Alexander Bach* (1813–1893) am 8. Juni 1849 einen Vortrag an den Kaiser, in dem er die durch die Organisation der Verwaltungs- und Gerichtsbehörden dringende Notwendigkeit der Errichtung einer Gendarmerie für das ganze Gebiet des Kaisertums Österreich eingehend begründete, die Grundsätze für die Organisation der Gendarmerie und deren Wirkungskreis darlegte und schließlich einen Voranschlag über den voraussichtlichen finanziellen Aufwand stellte.[2]

Noch am selben Tag genehmigte Kaiser Franz Joseph I. in Schönbrunn die Errichtung der Gendarmerie. Der Text des „Resolutionsentwurfes" lautete: „Ich bewillige die Errichtung einer Landesgendarmerie in Meinem gesamten Reich nach den angedeuteten Grundsätzen und ermächtige Meinen Minister des Innern die in dieser Beziehung erforderlichen weiten Verhandlungen im Einvernehmen mit den hierbei beteiligten Ministerien zu pflegen und Mir die geeigneten Vorschläge zu erstatten."[3]

Konkret bedeutete die kaiserliche Entscheidung vom 8. Juni 1849, dass zwei Dinge unverzüglich in Angriff genommen werden mussten: die tatsäch-

---

1 Vgl. NEUBAUER, Franz: Die Gendarmerie in Österreich 1849–1924 (im Auftrage der Gendarmerie-Zentraldirektion). Wien 1925, S. 35.
2 Vgl. Alleruntertänigster Vortrag des treugehorsamsten provisorischen Ministers des Innern Alexander Bach. Zl. 3842/M. J./1849. Wien, 30. Mai 1849. In: NEUBAUER, Franz: Die Gendarmerie in Österreich 1849–1924. Wien 1925, S. 539–543.
3 Kaiserliche Verordnung vom 8. Juni 1849, womit die Errichtung einer Gensd'armerie im ganzen Umfange des österreichischen Kaisertums nach den angetragenen Grundsätzen genehmigt wird. In: Allgemeines Reichs-, Gesetz- und Regierungsblatt für das Kaisertum Österreich, Jahrgang 1849, Nr. 272, S. 297.

liche Aufstellung der Gendarmerie und die Ausarbeitung eines entsprechenden Gesetzes.⁴

Zur Durchführung der kaiserlichen Verordnung wurde eine Kommission eingesetzt, die einen Entwurf für ein organisches Gesetz der Gendarmerie ausarbeitete. Über Vortrag des Ministers des Innern und des Krieges, sowie über Antrag des Ministerrates wurde dieser Entwurf zufolge Allerhöchster Entschließung vom 18. Jänner 1850 als *provisorisches Gendarmeriegesetz* (GG 1850) kundgemacht.⁵

---

4 Vgl. HAMMERSCHMIDT, Ernst (Hg.): 125 Jahre Gendarmerie in Österreich. Wien 1975, S. 5.
5 Vgl. Verordnung des Ministeriums des Innern vom 18. Jänner 1850, wirksam für alle Kronländer, über die Organisierung der Gensd'armerie - Gendarmeriegesetz 1850. In: Allgemeines Reichs- Gesetz- und Regierungs-blatt für das Kaisertum Österreich, XII. Stück, Jahrgang 1850, Nr. 19, S. 203.

2. ALLGEMEINE GRUNDLAGEN

2.1 ZEITLICHE ABGRENZUNGEN

Mit dem *Gendarmeriegesetz* vom 18. Jänner 1850 und der *Dienst-Instruction für die Landesgensd'armerie* 1850 (GDI 1850)[6] begannen auch die gegenständlichen schriftlichen Aufzeichnungen der k. k. Gendarmerie: In den §§ 35 (*Bestätigung der über 24 Stunden dauernden Patrouillen oder sonstigen Dienste*) und 36 (*Führung des Dienstbuches*) des GaG 1850 wurden – ebenso wie die *Führung eines Massabüchels* (§ 85) – erste Anweisungen festgehalten.[7] Im siebenten Kapitel der Dienstinstruktion (GDI 1850) – *Von den Dienstschriften der Gensd'armerie* – wurde den Postenführungen aufgetragen, ein Stations-Dienstjournal zu führen, welches in verschiedene Abteilungen gegliedert war (§ 216).[8]

Bei der zeitlichen Kategorisierung muss im Hinblick auf die Organisation der Gendarmerie, die Führung von Protokollen und schriftlichen Aufzeichnungen sowie die Führung der Gendarmerie-Chroniken eine Dreiteilung vorgenommen werden:

1. Zeitraum zwischen *8. Juni 1849 und 30. Juni 2005*
   Die Errichtung einer k. k. Gendarmerie wurde am 8. Juni 1849 bewilligt und der Korps bestand als österreichische Bundesgendarmerie bis zum Zeitpunkt der Zusammenlegung der österreichischen Wachkörper (Wachkörperreform 2005) am 30. Juni 2005.[9]

---

6 Dienst-Instruction für die Landes-Gensd'armerie. Wien 1850.
7 Vgl. Gendarmeriegesetz 1850 (wie Anm. 5), S. 215 und 228.
8 Vgl. Dienst-Instruction 1850 (wie Anm. 6), S. 64.
9 BGBl. 151/2004, Bundesgesetz, mit dem das Sicherheitspolizeigesetz, das Grenzkontrollgesetz, das Bundesgesetz über die Führung der Bundesgendarmerie im Bereich der Länder und die Verfügung über die Wachkörper der Bundespolizei und der Bundesgendarmerie und das Beamten-Dienstrechtsgesetz geändert wurden (SPG-Novelle 2005), ausgegeben am 30. Dezember 2004.

2. Zeitraum zwischen 25. Jänner 1850[10] und 30. Juni 2005
Dieser Zeitraum reicht vom Beginn der schriftlichen Aufzeichnungen durch Vorschriften des GG 1850 und der GDI 1850 bis zur Wachkörperreform im Jahr 2005.
3. Zeitraum zwischen 3. Juli 1914 und 30. Juni 2005
Mit Korpsbefehl des k. k. Gendarmerieinspektors vom 3. Juli 1914 wurde die Führung von Postenchroniken angeordnet.
Mit Erlass des Bundeskanzleramtes vom 14. Dezember 1923 wurde zusätzlich auch den Bezirks-, Abteilungs- und Landesgendarmeriekommandos die Führung analoger Chroniken angeordnet.
Sämtliche Chroniken waren bis zum 30. Juni 2005 (Zusammenführung der Wachkörper in Österreich; Wachkörperreform 2005) verpflichtend zu führen.

2.2 RÄUMLICHE ABGRENZUNGEN

Bei der regionalen Festlegung muss im Hinblick auf die Führung von schriftlichen Protokollen und Vormerken grundsätzlich zwischen zwei Perioden unterschieden werden:

1. Zeitraum von 1850 bis 1914
In dieser Periode war die Führung von Postenchroniken nicht angeordnet; die durch die Gendarmeriegesetze, Dienstinstruktionen und Kanzleiordnungen vorgegebenen Protokolle und Aufzeichnungen waren von der k. k. Gendarmerie in der gesamten Monarchie zu führen.

2. Zeitraum von 1914 bis 2005
Die unmittelbar vor Beginn des Ersten Weltkrieges mit Korpsbefehl vom 3. Juli 1914 angeordnete Führung von Postenchroniken (inklusive der entsprechenden Durchführungsbefehle der einzelnen Landesgendarmeriekommanden) galt für die gesamte k. k. Gendarmerie. Nach den Wirren des Ersten Weltkrieges begann mit der Konstituierung am 12. November 1918 die Geschichte der Republik Deutsch-Österreich.[11] Die Verträge von *Saint-Germain-*

---

10 Ausgabe- und Versanddatum der Verordnung des Ministeriums des Innern vom 18. Jänner 1850 über die Organisation der Gensd'armerie.
11 Vgl. SANDGRUBER, Roman: Das 20. Jahrhundert. Wien 2003, S. 39.

en-Laye (1919)[12] und *Trianon* (mit Ungarn 1920) teilten die Doppelmonarchie der Habsburger in Kleinstaaten auf.[13]

Der Artikel 2 der Verfassung der Republik Österreich vom 1. Oktober 1920 legte das Territorium – und damit auch den Untersuchungsraum dieser Arbeit – fest: „Österreich ist ein Bundesstaat. Der Bundesstaat wird gebildet aus den selbständigen Ländern: Burgenland, Niederösterreich (Niederösterreich-Land und Wien), Oberösterreich, Salzburg, Kärnten, Steiermark, Tirol, Vorarlberg."[14]

2.3 GENDARMERIE-CHRONIKEN – KOMMANDOSTRUKTUREN

Hinsichtlich der Führung der Gendarmerie-Chroniken spielen auch die unterschiedlichen Kommandostrukturen eine wesentliche Rolle. Als zeitlicher Ausgangspunkt dient – neben dem Korpsbefehl Nr. 9 vom 3. Juli 1914, dem zufolge Chroniken der Gendarmerie zu führen waren – der Beginn der 1. Republik am 12. November 1918.

2.3.1 Ausgangssituation im Jahr 1918 – allgemein

Der Erste Weltkrieg von 1914 bis 1918 endete mit dem Zusammenbruch der österreichisch-ungarischen Monarchie und der Beseitigung eines Staates, der viele Jahrhunderte bestanden hatte.[15] Unter dem Druck der politischen Kräfte, der Kriegsmüdigkeit des Hinterlandes und der dramatischen wirtschaftlichen Situation erließ Kaiser Karl deshalb am 17. Oktober 1918 das sogenannte „Völkermanifest" – Österreich sollte, dem Willen seiner Völker gemäß, zu einem Bundesstaate werden, in dem jeder Volksstamm auf seinem Siedlungsgebiete sein eigenes staatliches Gemeinwesen bildet.[16] Am 21. Ok-

---

12 StGBl. für die Republik Österreich, Nr. 303/1920, ausgegeben am 21. Juli 1920. Staatsvertrag von Saint-Germain-en-Laye vom 10. September 1919. Wien, am 19. Juli 1920.
13 Vgl. SCHEUCH, Manfred: Historischer Atlas Österreich. Wien 2000, S. 154.
14 Ebd., S. 156.
15 Vgl. FÜRBÖCK, Johann: Die österreichische Gendarmerie in den beiden demokratischen Republiken. Heft 1 von 1918 bis 1938, Wien 1965, S. 1.
16 Vgl. Extra-Ausgabe der Wiener Zeitung vom 17. Oktober 1918, Nr. 240. Der Vereinigung der polnischen Gebiete Österreichs mit dem unabhängigen polnischen Staate sollte durch das Manifest in keiner Weise vorgegriffen werden. Die Stadt Triest samt ihrem Gebiet sollte, den Wünschen ihrer Bevölkerung entsprechend, eine Sonderstellung erhalten. Ebenso

tober 1918 traten die deutschen Abgeordneten des alten Parlaments – die Deutschösterreicher, wie sie sagten – im Niederösterreichischen Landhaus in der Herrengasse in Wien zur ersten Sitzung als „Provisorische Nationalversammlung" zusammen.[17]

Am 28. Oktober 1918 begann die Woche der Revolutionen. Mit ihr war das Schicksal Österreichs selbst, nicht nur der Monarchie als Staatsform, besiegelt, denn am gleichen Tag folgte die Anerkennung der Serben, Kroaten und Slowenen (SHS-Staat) durch die Entente. In der Todesstunde der Monarchie starb auch gleichzeitig ihre Wehrmacht – und mit ihr die bis 1918 integrierte Gendarmerie – sowie deren überregionale Gesinnung, der oft hervorgehobene „schwarz-gelbe Offiziersgeist".[18]

2.3.2 Kommandostrukturen – Gendarmerie
2.3.2.1 *Landesgendarmeriekommanden (LGK)*

Am 1. Mai 1866 wurden per Allerhöchster Entschließung vom 28. Jänner 1866 die Gendarmerieregimenter in Landesgendarmeriekommanden umbenannt und die Anzahl um 5 Kommanden erhöht; statt 10 Gendarmerieregimenter gab es jetzt 15 Landesgendarmeriekommanden.[19]

Auch die Ereignisse im Folgejahr 1867 hatten unmittelbare Auswirkungen auf die Organisation der Gendarmerie. Der staatspolitische Ausgleich mit Ungarn führte zur Teilung der, bis dahin für das ganze Reichsgebiet einheitlich organisierten und von Wien aus geführten, Gendarmerie in die „kaiserlich-königliche Gendarmerie der im Reichrathe vertretenen Königreiche und Länder" und in die „königlich-ungarische Gendarmerie". Der staatsrechtlichen Konstruktion der beiden Reichshälften entsprachen Organisation und Führung der geteilten Gendarmerieinstitutionen, die fortan bis zur Auflösung der Monarchie in allen Bereichen getrennte Wege gingen.[20] Im Gesetz vom

---

sollte die Integrität der Länder der ungarischen heiligen Krone durch die Neugestaltung in keiner Weise berührt werden.
17 Vgl. ADLER, Alois/ABLEITINGER, Alfred: Vom Staat wider Willen zum Staat, den wir wollen. 50 Jahre Republik Österreich. Graz 1968, S. 27.
18 Vgl. PERFLER, Arnold: Soziale Entwicklung, Dienstzeit, Unterkünfte von 1919–1971. In: HÖRMANN, Fritz/HESZTERA, Gerald: Zwischen Gefahr und Berufung. Gendarmerie in Österreich. Wien 1999, S. 48–111, hier S. 48.
19 Vgl. Circular-Verordnung vom 18. Februar 1866, K. k. Armee-Verordnungsblatt Nr. 29/1866.
20 Vgl. KEPLER, Leopold: Die Gendarmerie in Österreich 1849–1974. 125 Jahre Pflichterfüllung. Graz 1974, S. 89. Auf den Territorien der Königreiche Kroatien und Slawonien wurde

26. Februar 1876, über die k. k. Gendarmerie für die im Reichsrathe vertretenen Königreiche und Länder, wurde im II. Abschnitt (organische Gliederung und Verteilung der Gendarmerie) festgelegt, „dass am Sitz jeder politischen Landesbehörde ein Landesgendarmerie-Commando zu bestehen hat."[21]

Wohl wechselten die Nummern der einzelnen LGK nochmals, nachdem mit 1. Mai 1876 die LGK Nr. 8 Kroatien und Slawonien und Nr. 10 Siebenbürgen aus dem Verband der Armee ausschieden und dem k.-ungarischen Honvedministerium übergeben wurden, die Kommandostruktur hielt aber bis zum Ende des Ersten Weltkrieges.[22]

Im Jahr 1918 bestanden im Habsburgerreich insgesamt 14 LGK, welche die folgenden Gebiete sicherheitsdienstlich zu betreuen hatten:

LANDESGENDARME-RIEKOMMANDO	Nr. 1	in	Wien	für Niederösterreich
	Nr. 2	in	Prag	für Böhmen
	Nr. 3	in	Innsbruck	für Tirol und Vorarlberg
	Nr. 4	in	Brünn	für Mähren
	Nr. 5	in	Lemberg	für Galizien
	Nr. 6	in	Graz	für Steiermark
	Nr. 7	in	Triest	für Istrien
	Nr. 8	in	Linz	für Oberösterreich
	Nr. 9	in	Zara	für Dalmatien
	Nr. 10	in	Troppau	für Schlesien
	Nr. 11	in	Salzburg	für Salzburg
	Nr. 12	in	Laibach	für Krain
	Nr. 13	in	Cernowitz	für die Bukowina
	Nr. 14	in	Klagenfurt	für Kärnten

Tab. 1: Darstellung der LGK-Struktur – allgemein, im Jahr 1918 (eigene Darstellung auf Grundlage der Standesausweise der einzelnen Landesgendarmeriekommanden).

---

gleichzeitig ein eigenes Gendarmeriekorps, das „königlich-kroatisch-slawonische Gendarmerie Korps", mit dem Stab in Agram errichtet.
21 RGBl. für die im Reichsrathe vertretenen Königreiche und Länder, VII. Stück, Nr. 19, ausgegeben und versendet am 29. Jänner 1876, S. 31-39.
22 Vgl. HESZTERA, Franz: Die Kommandostrukturen der Gendarmerie von 1850 bis 1993. Wien 1994, S. 26.

2.3.2.2 Gendarmerieabteilungskommanden (GAK)

Im Jahr 1872 wurden unter der Leitung des Gendarmerie-Inspektors Oberst Heinrich Ritter Giesl von Gieslingen (Zentralchef der österreichischen Gendarmerie vom 26.12.1871 bis 26.11.1894)[23] die Flügel- und Zugskommanden aufgelassen und dafür Abteilungskommanden geschaffen. Man begann damit probeweise beim LGK Nr. 2 Böhmen (AHE vom 22.4.1872), setzte, nachdem sich diese Einrichtung bewährt hatte, bei den LGK Nr. 3 Tirol-Vorarlberg, Nr. 5 Galizien und Nr. 9 Dalmatien fort (AHE vom 22.10.1872), um schließlich auch alle übrigen LGK in diese Reform einzubeziehen (AHE vom 23.10.1873).[24]

Die Umsetzung der AHE wird sicher Zeit benötigt haben. So wird als Datum der „Dienstwirksamkeit" der Abteilungskommanden im heutigen Österreich (ausgenommen sind hier nur die Länder Tirol und Vorarlberg) der 1.1.1874 angenommen. Auch die Einrichtung einiger neuer LGK mit diesem Datum spricht für diese Annahme.[25]

Gesetzlich verankert finden sich die Abteilungskommanden im *Gesetz vom 26. Februar 1876, über die k. k. Gendarmerie für die im Reichsrathe vertretenen Königreiche und Länder (GG 1876)*. Im II. Abschnitt, Organische Gliederung und Vertheilung der Gendarmerie, § 17, wird ausgeführt: „In dem Bereiche der einzelnen Landesgendarmerie-Commanden werden nach Bedarf Abtheilungskommanden aufgestellt, deren Wirkungskreis sich in der Regel auf die Handhabung der militärischen Aufsicht und Disciplin, sowie auf die Ausbildung im praktischen Dienste zu beschränken hat."[26]

Die Abteilungskommanden bei allen LGK in ganz Österreich wurden am 1.1.1928 aufgelöst: „In Verfolg von Sparmaßnahmen und Plänen zur Durchführung einer Verwaltungsvereinfachung, nicht zuletzt um auch Wünschen

---

23 Vgl. GEBHARDT, Helmut: Die Gendarmerie in der Steiermark von 1850 bis heute. Anhang C) Zentralchefs der österreichischen Bundesgendarmerie 1849–1996. Graz 1997, S. 440; NEUBAUER, Franz: Die Gendarmerie in Österreich 1849–1924 (wie Anm. 1), S. 584.
24 Vgl. NEUBAUER, Franz: Die Gendarmerie in Österreich 1849–1924 (wie Anm. 1), S. 68.
25 Vgl. HESZTERA, Franz: Die Kommandostrukturen der Gendarmerie (wie Anm. 22), S. 26. Zudem wurden mit 1.1.1874 auch die LGK der damaligen politischen Ländereinteilung angepasst; auf dem Gebiet der heutigen Republik Österreich traten – neben den schon bestehenden LGK für Niederösterreich und Tirol – die LGK Kärnten, Oberösterreich, Salzburg und Steiermark (vgl. GEBHARDT, Helmut: die Gendarmerie in der Steiermark (wie Anm. 23), S. 110) in Dienstwirksamkeit.
26 RGBl. für die im Reichsrathe vertretenen Königreiche und Länder, VII. Stück, Nr. 19/1876, S. 33.

des Bundeskanzlers a.D. und Polizeipräsidenten von Wien, Dr. Johann Schober, zu entsprechen, die sich, wenn sie die leitenden Gendarmeriebeamten betrafen, mit den Absichten der freien Gewerkschaft deckten, wurden mit 1. Jänner 1928 die bisherigen Gendarmerieabteilungskommanden (38) aufgelassen. Die Abteilungsbereiche wurden in ‚Inspizierungsbereiche' umgewandelt und die bisherigen Gendarmerieabteilungskommandanten als ‚Inspizierende' beim Stab des Landesgendarmeriekommandos eingeteilt."[27]
„Am 15. Jänner 1933 wurden im ganzen Bundesgebiet die Gendarmerie-Abteilungskommanden wiedererrichtet."[28]

Mit Wirkung vom 1.5.1993 wurden die GAK schließlich endgültig aufgelassen; während bei der Auflassung im Jahr 1928 die sogenannten „Inspizierenden" an die Stelle der Abteilungskommanden traten, erfolgte jetzt eine völlige Beseitigung der GAK-Ebene in der Organisationshierarchie der österreichischen Bundesgendarmerie.[29]

2.3.2.2 Bezirksgendarmeriekommanden (BGK)

Mit der Wiedererrichtung der Bezirkshauptmannschaften im Jahr 1868 schlug auch die Geburtsstunde der späteren Bezirksgendarmeriekommanden.[30] Um dem Bezirkshauptmann als unmittelbar anordnendem Organ eine besondere Ansprechperson gegenüberzusetzen, wurde mit der kaiserlichen Entschließung vom 13.10.1868 angeordnet, dass am Sitz jeder Bezirkshauptmannschaft (BH) in der gesamten Monarchie ein Gendarmerie-Wachtmeister situiert werden müsste, der unmittelbar die Befehle des Bezirkshauptmanns entgegenzunehmen hatte.[31]

Gesetzlich verankert finden sich auch die Bezirksgendarmerie-Commanden im *Gesetz vom 26. Februar 1876, über die k. k. Gendarmerie für die im Reichsrathe vertretenen Königreiche und Länder (GG 1876)*. Im II. Abschnitt, Organische Gliederung und Vertheilung der Gendarmerie, § 18, wird ausgeführt: „Am Sitze jeder Bezirkshauptmannschaft besteht ein Bezirksgendarmerie-Commando, dessen Führung einem Wachtmeister anvertraut ist. Dieser commandiert den im Orte befindlichen Gendarmerieposten unmittelbar,

---

27 FÜRBÖCK, Johann: Die österreichische Gendarmerie (wie Anm. 15), S. 18.
28 Ebd., S. 25.
29 Vgl. BGBl. Nr. 566/1991, ausgegeben am 31. Oktober 1991. Bundesgesetz: Sicherheitspolizeigesetz – SPG, ausgegeben am 31. Oktober 1991. Das SPG trat mit 1.5.1993 in Kraft.
30 Vgl. HESZTERA, Franz: Die Kommandostrukturen der Gendarmerie (wie Anm. 22), S. 22.
31 Vgl. GEBHARDT, Helmut: Die Gendarmerie in der Steiermark (wie Anm. 23), S. 97.

und beaufsichtigt außerdem die Dienstleistung aller anderen im Bereiche des politischen Bezirkes aufgestellten ihm unterstehenden Gendarmerieposten, welche, wenn sie aus mehr als zwei Gendarmen bestehen, durch je einen Postenführer befehligt werden."[32]

Durch Inkrafttreten des Sicherheitspolizeigesetzes (SPG) mit 1. Mai 1993 erfolgte auch eine umfassende Neuorganisation der BGK, die nun eine deutliche Aufwertung erfuhr. Durch die Auflösung der GAK unterstanden die BGK ab 1. Mai 1993 direkt dem jeweiligen LGK und wurden von einem leitenden Beamten geführt.[33]

2.3.2.4 Organisation der Landesgendarmeriekommanden

Die einzelnen Landesgendarmeriekommanden waren in Gendarmerieabteilungskommanden (GAK), Bezirksgendarmeriekommanden (BGK) und Gendarmeriepostenkommanden (GPK)/Gendarmerieposten (GP) gegliedert.

Die Struktur der österreichischen Gendarmerie im Jahr 1914 stellte sich organisatorisch wie folgt dar:

LGK		Ort	Gebiet	GAK	BGK	Posten mehr als 2 Mann	Posten 2 Mann	Posten Einzel-Posten
Nr. 1	in	Wien	für Niederösterreich	10	23	258	36	17
Nr. 2	in	Prag	für Böhmen	29	104	596	118	175
Nr. 3	in	Innsbruck	für Tirol u. Vorarlberg	10	26	211	45	
Nr. 4	in	Brünn	für Mähren	12	36	327	4	19
Nr. 5	in	Lemberg	für Galizien	36	82	704	14	65
Nr. 6	in	Graz	für Steiermark	10	23	231		
Nr. 7	in	Triest	für Istrien	6	13	123		
Nr. 8	in	Linz	für Oberösterreich	3	15	99	34	16

---

32 RGBl. für die im Reichsrathe vertretenen Königreiche und Länder, VII. Stück, Nr. 19, ausgegeben und versendet am 29. Jänner 1876, S. 33.
33 Vgl. GEBHARDT, Helmut: Die Gendarmerie in der Steiermark (wie Anm. 23), S. 421 f. Die BGK blieben auch nach der Wachkörperreform im Jahr 2005 bestehen.

LGK	ORT	GEBIET	GAK	BGK	POSTEN mehr als 2 Mann	POSTEN 2 Mann	POSTEN Einzel-Posten
Nr. 9	in Zara	für Dalmatien	8	15	148		
Nr. 10	in Troppau	für Schlesien	4	12	123	5	4
Nr. 11	in Salzburg	für Salzburg	2	5	56	8	3
Nr. 12	in Laibach	für Krain	5	11	122		
Nr. 13	in Cernowitz	für die Bukowina	6	13	146	2	
Nr. 14	in Klagenfurt	für Kärnten	4	7	113		
		GESAMT	145	385	3257	266	299

Tab. 2: Darstellung der LGK-Struktur – intern, im Jahr 1914 (eigene Darstellung auf Grundlage der monatlichen Standesausweise der einzelnen Landesgendarmeriekommanden).

Die österreichische Gendarmerie gliederte sich im Jahr 1919 in insgesamt sechs Landesgendarmeriekommanden:

LGK	ORT	GEBIET	GAK	BGK	POSTEN
Nr. 1	in Wien	für Niederösterreich	10	23	328
Nr. 3	in Innsbruck	für Tirol u. Vorarlberg	3	8	114
Nr. 6	in Graz	für Steiermark	7	16	192
Nr. 8	in Linz	für Oberösterreich	6	15	179
Nr. 11	in Salzburg	für Salzburg	2	5	77
Nr. 14	in Klagenfurt	für Kärnten	4	8	105
		GESAMT	32	75	995

Tab. 3: Darstellung der LGK-Struktur im Jahr 1919 (eigene Darstellung auf Basis der Organisationsdaten des Jahrbuches für die Gendarmerie 1919, Wien 1919).[34]

---

34 Die österreichische Gendarmerie bestand im Jahr 1918 aus 6 LGK, 37 GAK (einschließlich 6 Ergänzungsabteilungskommanden), 78 BGK und 914 GPK. Im Jahr 1920 bestanden bereits 8 LGK, 46 GAK (einschl. 8 Ergänzungsabteilungskommanden), 85 BGK und 1.690 GPK, außerdem je ein Bahngendarmeriekommando (einem LGK gleichgestellt) in Wien und Graz mit einer Anzahl von BGK und Bahnposten. Vgl. FÜRBÖCK, Johann: Die österreichische Gendarmerie (wie Anm. 15), S. 7-8.

Die Organisationsstruktur der österreichischen Bundesgendarmerie im Jahr 1922:

Landesgendarmeriekommando	Sitz	GAK	BGK	Posten
Niederösterreich	Wien	11	23	460
Burgenland	Sauerbrunn	5	8	92
Oberösterreich	Linz	8	15	248
Steiermark	Graz	8	16	222
Kärnten	Klagenfurt	5	8	139
Salzburg	Salzburg	3	5	97
Tirol	Innsbruck	4	8	118
Vorarlberg	Bregenz	3	3	51
Bahngendarmerie	Wien	6	14	69
EFFEKTIVER GESAMTSTAND		53	100	1496
SYSTEMISIERTER GESAMTSTAND		51	94	1380

Tab. 4: Darstellung der Organisationsstruktur der österr. Bundesgendarmerie, Stand Jänner 1922 (eigene Darstellung auf Basis der Organisationsdaten des BM f. Inneres und Unterricht).[35]

Die Organisationsstruktur der österreichischen Bundesgendarmerie im Jahr 1925:

Landesgendarmeriekommando	Sitz	GAK	BGK	Posten
Niederösterreich	Wien	11	23	430
Burgenland	Sauerbrunn	4	7	81
Oberösterreich	Linz	8	16	237
Steiermark	Graz	8	16	223
Kärnten	Klagenfurt	6	9	135
Salzburg	Salzburg	3	5	87
Tirol	Innsbruck	4	8	107
Vorarlberg	Bregenz	3	3	48
Bahngendarmerie	Wien	5		

---

35 Bundesministerium für Inneres und Unterricht, Abt. 15, Zahl: 10.968 aus 1922. Der Gesamtstand der Bezirksposten beträgt 100, der sonstigen Posten 1.496. Die Standesverhältnisse des LGK für das Burgenland sind hierbei schon berücksichtigt. Wien, am 20. Mai 1922.

LANDESGENDARMERIEKOMMANDO	SITZ	GAK	BGK	POSTEN
EFFEKTIVER GESAMTSTAND		52	87	1348
SYSTEMISIERTER GESAMTSTAND		51	90	1362

Tab. 5: Darstellung der Organisationsstruktur der österreichischen Bundesgendarmerie mit Stand Jänner 1925 – Summar-Standesübersicht (Bundesministerium für Inneres und Unterricht; eigene Darstellung auf Basis der monatlichen Standesmeldungen der LGK). Die Detaildaten zur Bahngendarmerie (Kontrollkommanden und Bahnposten) wurden statistisch gesondert ausgewertet. Durch das Bundesgesetz vom 12. Mai 1925 wurde die Wiener Bahngendarmerie aus dem Verband der österreichischen Bundesgendarmerie ausgeschieden und in allen Belangen der Wiener Polizeidirektion unterstellt.[36]

---

36 BGBl. Nr. 164/1925, S. 622. Bundesgesetz vom 12. Mai 1925, betreffend die Betrauung der Polizeidirektion in Wien mit den von dem Wiener Bahngendarmeriekommando besorgten Geschäften des Sicherheitsdienstes im Bereich der Bahn- und Schifffahrtsunternehmungen.

3. GENDARMERIE-CHRONIKEN – RECHTLICHE GRUNDLAGEN

3.1 KORPSBEFEHL NR. 9 VOM 3. JULI 1914

Die innerdienstliche Grundlage zur Führung von Gendarmerie-Chroniken (Postenchroniken) stellt der Korpsbefehl Nr. 9 des k. k. Gendarmerie-Inspektors Tisljar[37] vom 3. Juli 1914 dar. In diesem Befehl unter dem Titel *Geschichte der Gendarmerie*, Res. Nr. 1020, wird ausgeführt:

> „Die Gendarmerie besitzt bis jetzt keine geschriebene Geschichte, obwohl in deren Reihen fast täglich Taten vollbracht werden, welche jeden Korpsangehörigen mit Stolz erfüllen müssen. Ich glaube nicht fehlzugehen, wenn ich annehme, dass jeder von uns die oben berührte Lücke empfindet und daher bereit ist, zu deren Auffüllung beizutragen, weshalb ich sämtliche Korpsangehörigen hiermit zum Sammeln von einschlägigen Beiträgen einlade. Diese wären zu gliedern in:
> a) Schilderung von hervorragenden Taten des Mutes, der Tapferkeit, Entschlossenheit, Ausdauer, Pflichttreue, Geistesgegenwart, Findigkeit, Intelligenz, hervorragender Kombinationsgabe und Selbstaufopferung bei Erfüllung der Dienstpflichten;
> b) die Verfassung von Biographien hervorragender Korpsangehöriger;
> c) die Beschreibung der letzten Ruhestätte von in Ausübung des Dienstes Gefallener;
> d) in der Sammlung von einschlägigen Literaturprodukten, Almanachen, Gedenkblättern, und dergleichen, welche gewiss Anhaltspunkte dafür bieten, dass so manchen Vergessenen, in der Geschichte des Korps der ihr gebührender Ehrenplatz eingeräumt werde.
>
> Das vorzüglichste Materiale werden unzweifelhaft die Kanzleier der Posten, Abteilungen und Landesgendarmeriekommandos zu liefern vermögen; aber auch einzelne Offiziere und Gendarmen werden aus ihrer reichen Diensterfahrung in-

---

[37] Michael Tisljar von Lentulis wurde am 12. April 1907 zum Gendarmerie-Inspektor ernannt und wurde als Freiherr Tisljar von Lentulis mit 1. Februar 1917 in den Ruhestand versetzt. Vgl. NEUBAUER, Franz: Die Gendarmerie in Österreich 1849–1924 (wie Anm. 1), S. 585.

teressante Fälle schildern können, die vielleicht in den Akten gar nicht, oder nur unvollständig vorkommen.

Bei der Schilderung solcher Fälle ist sich unbedingt Strenge innerhalb der Grenzen der Wahrheit zu halten und sind womöglich die Nummern der Bezugsakten anzuführen. In Hinkunft sind vorkommende hervorragende Taten von den Abteilungskommandanten in Form von Species-facti vorzulegen, diese bei den Abteilungen dem Belobungsprotokolle beizuschließen, eine Abschrift fallweise dem Landesgendarmeriekommando vorzulegen und dort in einer eigenen Faszikel mit der Aufschrift ‚Beiträge zur Geschichte des Landesgendarmerie-kommandos Nr.' gut zu verwahren. Die Landesgendarmeriekommandanten haben von sämtlichen in ihrem Bereiche domizilierenden ehemaligen Landesgendarmeriekommandanten bzw. deren Hinterbliebenen, und verdienstreichen Stabsoffizieren deren Biographien zu erbitten; das gleiche gilt hinsichtlich besonders verdienstvoller Oberoffiziere und Gendarmen. Über die bis Ende des Jahres gesammelten Beiträge haben die Landesgendarmeriekommandos am 1. Mai 1915 antragstellend an mich zu berichten. Das Gendarmerieinspektorat wird sodann verfügen, welche von den Beiträgen im Original und welche in Abschriften einzureichen sein werden. Bei Originalen wird dem betreffenden Landesgendarmeriekommando bzw. dem Verfasser/Eigentümer das Eigentumsrecht gewährt. Ich gebe mich der zuversichtlichen Hoffnung hin, dass jeder Angehörige des Korps nach besten Kräften bestrebt sein wird, zur Erreichung dieses Zieles freudig beizutragen; gilt es doch immer, weit über die Grenzen des eigenen Vaterlandes als Elitetruppe bestbekannten Korps nicht nur endlich seine lang vermisste Geschichte zu geben, sondern durch dieselbe gleich wie die Lebenden, so auch die Toten zu ehren! So wie das ganze Gendarmeriekorps seine Geschichte vermisst, tritt auch der Mangel einer Chronik der Posten nur zu oft zu Tage. Infolge Skartierung der Akten sind auf den meisten Posten über wichtige Begebenheiten keine schriftlichen Aufzeichnungen vorhanden, sodass man nur zu oft auf das Hörensagen und auf unbestimmte Überlieferungen angewiesen ist; oft sogar größten Schwierigkeiten begegnet, um notwendige Auskünfte zu erlangen.

Um eine Art Geschichte des Postens für die Zukunft zu bewahren, verfüge ich, dass auf jedem Gendarmerieposten mit Benützung der noch vorhandenen Protokolle, dann sonstiger Akten und Behelfe, durch Nachfragen bei pensionierten Gendarmen, Gemeinden, etc., eine Chronik in Form eines Protokolls angelegt werde. Diese Chronik hätte zu enthalten:
I. Daten über die Errichtung und Bequartierung des Postens
II. Verzeichnis der Abteilungskommandanten (LGK-Zusatz Kärnten: vorgesetzten Kommandanten)

III. Verzeichnis der Bezirksgendarmeriekommandanten (LGK-Zusatz Kärnten: Gendarmeriepostenkommandanten)
IV. Verzeichnis der Postenmannschaft mit den Rubriken: Name/Charge/zugewachsen wann und von wo? /Abgegangen wann und wohin? /Anmerkung
V. Wichtige Begebenheiten mit den Rubriken: 1. Jahr (LGK-Zusatz: Datum); 2. kurze Schilderung der Begebenheiten.
Dieser Abschnitt enthält die eigentliche Geschichte des Postens, innerhalb seines Rayons, welcher anhand vorhandener Akten, Nachfragen, etc. auszutragen wäre und möglichst die ganze Bestandzeit des Postens chronologisch zu umfassen hätte. Hervorragende Leistungen Einzelner im Dienste mit den hierfür zuerkannten Belohnungen und Auszeichnungen, Waffengebräuche, Aufsehen erregende strafbare Handlungen, größere Unglücksfälle, Epidemien, Eröffnung von neuen Verkehrslinien/Bahn, Automobil etc., Besitze allerhöchster Herrschaften und dgl., wären hier mit den eventuell nötigen Details zu verzeichnen. Diese Chronik muss für die Folge evident geführt, daher das bezügliche Protokoll schon jetzt in entsprechender Stärke ausgelegt werden."[38]

Auf Basis des Korpsbefehls Nr. 9 wurden die grundlegenden Vorgaben des „Gendarmerie-Inspektors für die im Reichrate vertretenen Königreiche und Länder" von den Landesgendarmeriekommandanten detailliert ausgeführt und ihren nachgeordneten Organisationseinheiten übermittelt.

3.2 KORPSBEFEHL NR. 9 – BEFEHL LGK NR. 14 VOM 20. JULI 1914

Mit seinem Schreiben an die Rechnungskanzlei, an das k. k. Gendarmerie-Abteilungskommando 1–4, an das k. k. Ergänzungsabteilungskommando und an alle k. k. Bezirks- und Postenkommandanten seines Kommandobereiches, verfügte der Kommandant des LGK Nr. 14 (Kärnten), Oberst Eugen Dabrowiecki, unter LGK-Nr. 1768 A, am 20. Juli 1914:

„Mit Bezug auf den vorstehenden Korpsbefehl Nr. 9 vom 3. Juli 1914, dessen gewissenhafteste Einhaltung ich allseits gewärtige, bin ich der vollsten Überzeugung, dass jeder Korpsangehörige sein Möglichstes tun wird, um das angestrebte

---

[38] Korpsbefehl Nr. 9, Res. Nr. 1020, des k. k. Gendarmerieinspektors Tisljar vom 3. Juli 1914, S. 1 f.

Ziel zu erreichen, da es jedermanns Pflicht ist, wackere Taten der Vergangenheit zu entreißen und den Nachkommen als Vorbild zu überliefen und zu erhalten. Zu den einzelnen Punkten verfüge ich:

Ad a) Schilderungen dieser Art sind in der Form von Berichten, Abschriften von Species facti, oder Abschriften aus Almanachen und sonstigen Behelfen, bei strengster Einhaltung der Grenzen der Wahrheit und wenn möglich Anführung der Nr. der Bezugsakten/wenn sie nicht angeschlossen werden hierauf im Konzepte zu überlassen, dem Abteilungskommando zur Überprüfung/monitorisch und stilistisch/vorzulegen, welches dann die Verfassung der Rein-schrift anzuordnen und sie dem Landesgendarmeriekommando vorzulegen hat. Stützt sich die Schilderung auf Erzählungen alter Leute, dann ist in diesem Falle die Angabe der Quelle besonders hervorzuheben und anzuführen, ob der Erzähler alles das selbst mitgemacht oder wieder nur gehört hat, dann ob er dem Korps angehörte oder nicht.

Ad b) Die diesbezüglichen Schilderungen sind ebenfalls dem Abteilungskommando zur Überprüfung vorzulegen, welches im Sinne des Punktes ad a) vorzugehen hat.

Ad c) Die Herren Abteilungskommandanten haben sich gelegentlich der nächsten Bereisungen diesbezüglich zu orientieren, die Gräber zu besuchen und die Beschreibung zu verfassen. Der Anschluss einer Photographie ist erwünscht und wird auf die Beschaffung von solchen ein besonderes Gewicht gelegt.

Ad d) Zu diesen wäre auch noch zu zählen: alte Bilder/Adjustierungsbilder und dgl./ganz alte Stationsdienstbücher/alte Adjustierungs- und Ausrüstungsstücke etc., wobei auf die Bestimmungen des Erlasses aufmerksam gemacht wird, wonach dem Eigentümer das Eigentumsrecht gewährt bleibt. Würde der Eigentümer auf sein Recht verzichten, ist dies ausdrücklich anzugeben.

Auf die angeordnete Vorlage der ‚Beiträge zur Geschichte des Kommandos' mache ich die Herren Abteilungskommandanten besonders aufmerksam. Die Beiträge ad a, b, c, d sind dermaßen ehestens für die Hinkunft fallweise dem Landesgendarmeriekommando vorzulegen. Das Protokoll für die Chronik der Posten ist bei der Firma H. Gusek in Kremsier erhältlich, sofort zu beziehen und sind die Kosten der Anschaffung bei Berufung auf diesen Befehl aus dem Bequartierungspauschale der Posten zu bestreiten. Die Aufzeichnungen ad I bis V – auch einzeln nach Zusammenstellung der bezüglichen Punkte, haben die Posten auf Konzeptpapier zu verfassen, dem Abteilungskommando zur Berichtigung vorzulegen und sodann mit möglichst gefälliger Schrift und netter äußerer Form/von den Posten/ins Protokoll einzutragen. Die Geschichte der provisorischen Posten ist in die Chronik jenes Postens aufzunehmen, zu dessen Rayons er gehört. Sollten einem oder dem anderen Posten die einzelnen Daten besonders ad I, II, III und IV unbekannt sein, dann hat sich derselbe um die Auskunft an das Abteilungskommando zu wenden. Könnte auch dieses die bezüglichen Fragen nicht beantworten, dann ist der Akt wegen der Beantwortung der restlichen Fragen an das Landesgendarmeriekommando weiterzuleiten. Die Anfragen sind möglichst kurz und einfach zu halten. Mit Rücksicht auf die große Bedeutung der Chronik erwarte ich von den Herren Abteilungskommandanten sowie von den unterstehenden Postenkommandanten den regsten Eifer und die größte Genauigkeit. Die Chronik der Posten ist gelegentlich der Visitierungen einzusehen und auf der letzten Seite zu vidieren. Der vorlegende Befehl ist bei den Abteilungs-kommanden bei den Normalien, auf den Posten dem mehrfach erwähnten Protokoll zuzulegen."[39]

3.3 KORPSBEFEHL NR. 9 – TAGSBEFEHL LGK NR. 11 VOM JULI 1914

Im Tagsbefehl des Landesgendarmeriekommandos Nr. 11 (Salzburg) vom 1. Juli bis zum 31. Juli 1914 wird unter der Rubrik „Chronik der Posten", Nr. 1191, 29.07., ausgeführt:

„Mittels Korpsbefehl des k. k. Gendarmerieinspektors Nr. 9 vom 3. Juli d. J. wurde die Führung eines Protokolles ‚Chronik' auf jedem k. k. Gendarmerieposten angeordnet. Die für diese Chronik vorgeschriebenen 5 Formulare sind der Firma Husek in Kremsier vom k. k. Gendarmerieinspektor zugekommen und teilt diese Firma mit, dass diese nun eingeführten Protokolle (alle 5 Formulare in einem Buch vereinigt, in Ganzleinenwand dauerhaft gebunden) dort in vorschriftsmäßiger Ausführung erhältlich sein werden und kann diese Chronik portofrei bezogen werden. Weiters wird bemerkt, dass sich die Posten um Daten, die für die Chronik wissenswert erscheinen, dort aber nicht bekannt sind – an das Landesgendarmeriekommando im Dienstwege wenden können, wo nach Möglichkeit die erbetenen Auskünfte erteilt werden.

Ist die Zwischenstelle in der Lage, die erbetenen Auskünfte zu erteilen, so ist der Akt nicht weiterzuleiten. Werden mehrere Auskünfte erbeten, so sind die Anfragen auf einem Bogen, halbbrüchig nach Art der Fragebogen (rechts Anfrage, links entsprechender Raum für Antwort) vorzulegen."[40]

---

39 LGK-Nr. 14, Kärnten, LGK-Befehl Nr. 1768 A vom 20. Juli 1914. Klagenfurt, 20. Juli 1914, S. 1 f.
40 K. k. LGK Nr. 11, Salzburg, Tagsbefehl vom 1. Juli bis 31. Juli 1914, Nr. 87, Chronik am Posten. Salzburg 1914, S. 1 f.

K. k. Landesgendarmeriekommando Nr. *11*

Abteilung *Salzburg N: 1*

hronik

des k. k. Gendarmeriepostens

axglan

I. Daten über die Errichtung und Bequartierung des Postens
II. Verzeichnis der vorgesetzten Kommandanten:
    Gendarmerieinspektoren
    Landesgendarmeriekommandanten
    Gendarmerieabteilungskommandanten
    Bezirksgendarmeriekommandanten
III. Verzeichnis der Gendarmeriepostenkommandanten
IV. Verzeichnis der Postenmannschaft
V. Wichtige Begebenheiten

Abb. 1: Gendarmerie-Chronik – Inhaltsverzeichnis (GP Maxglan)

3.4 KORPSBEFEHL NR. 9 – BEFEHL LGK NR. 6 VOM 13. JULI 1914

Im Befehl des Landesgendarmeriekommandos Nr. 6 (Steiermark) vom 13. Juli 1914 an sämtliche k. k. Gendarmeriebezirks- und Postenkommandos, wird unter der Rubrik „Chronik", Nr. 253 res., vom Landesgendameriekommandanten Oberst Kostenzer[41] ausgeführt:

„Auf Grund des vorstehenden Korpsbefehles haben die Postenkommandanten (für die Bezirksposten die Bezirkswachtmeister) das nötige Materiale zu der anzulegenden CHRONIK zu sammeln und einstweilen einen Entwurf, und zwar in der Form eines Faszikels mit 5 losen Bögen, jeder einzelne mit der entsprechenden Aufschrift (I. Daten über die Errichtung und Bequartierung des Postens, II. Verzeichnis der Abteilungskommanden, etc.) auszuarbeiten. Dort, wo ein Bogen nicht ausreicht, sind mehrere Hefte zusammenzunähen. Dieser Faszikel (‚Entwurf zur Chronik des Postens N.') ist spätestens gelegentlich der III. diesjährigen Bereisungstour des Herrn Abteilungskommandaten zur Durchsicht bzw. Revision zu überreichen. Weiters haben die Postenkommandanten die in ihrem Rayon domizilierenden pensionierten Gendarmeriemannschaftspersonen zu ersuchen, Schilderungen über wichtige Begebenheiten aus ihrer Dienstzeit dem Landesgendarmeriekommando behufs Verwertung zur Verfügung zu stellen."[42]

---

41 Oswald Edler von Kostenzer, geb. am 16.11.1959 in Innsbruck, verstorben am 9.10.1935 in Graz, war vom 1. Juni 1912 bis zum 1. Oktober 1917 Landesgendarmeriekommandant der Steiermark. Vgl. GEBHARDT, Helmut: Die Gendarmerie in der Steiermark (wie Anm. 23), S. 428 und 433.
42 Befehl des k. k. Landesgendarmeriekommandos Nr. 6, Zahl: 253, res., Chronik, vom 13. Juli 1914.

4. QUELLENGRUNDLAGEN 1850–1914

4.1 GENDARMERIEGESETZ (GG) 1850

Im Gendarmeriegesetz des Jahres 1850, wirksam für alle Kronländer der Monarchie, wurden folgende organisatorische Angelegenheiten festgelegt:[43]

1. Stand und Verteilung der Gendarmerie,
2. Aufnahme in die Gendarmerie, Beförderung zu höheren Dienststufen,
3. Dienstesobliegenheiten der Gendarmerie und Umfang ihrer Wirksamkeit, dann ihre Verhältnisse zu den Behörden,
4. Von der Vollziehung der erhaltenen Aufträge, von dem Benehmen im Dienste, von dem Waffengebrauche und von der Unverletzbarkeit des Gendarmen und der Glaubwürdigkeit seiner Aussagen,
5. Wirkungskreis des Gendarmerie-Inspektors, der Offiziere und Unteroffiziere, deren Verhältnis zu den Zivilbehörden, Regimentsstab und Depotflügel,
6. Verhältnis der Gendarmerie zum Militär,
7. Geld- und Naturalgebühren, Unterkunft, Pensions- und Invalidenversorgung der Offiziere und Mannschaft sowie der Witwen und Waisen,
8. Ökonomische Verwaltung,
9. Strafen und Belohnungen,
10. Adjustierung, Remontierung,
11. Bestimmung der Gendarmerie im Kriege.

In diesem Gendarmeriegesetz 1850 (GG 1850) wurden auch erste schriftliche Aufzeichnungen und Vormerkungen festgelegt:

Im III. Kapitel des GG 1850 wurde unter § 35 – *Bestätigung der über 24 Stunden dauernden Patrouillen oder sonstigen Dienste* – ausgeführt: „Wenn eine Patrouille über 24 Stunden von ihrer Station im Dienste entfernt bleibt, so

---

43 Allgemeines Reichs- Gesetz- und Regierungsblatt für das Kaiserthum Österreich, XII. Stück, ausgegeben und versendet am 25. Jänner 1850. 19. Verordnung des Ministeriums für Inneren vom 18. Jänner 1850, wirksam für alle Kronländer, über die Organisierung der Gensd'armerie, RGBl. Nr. 19/1850. Wien, 18. Jänner 1850, S. 203.

hat sie sich bei dem Ortsvorstande vorzustellen, damit derselbe in seinem Gensd'armerie-Dienstbuche die vorgeschriebene Vormerkung pflege."[44]

Im anschließenden § 36 des GG 1850 – *Führung des Dienstbuches* – wurde veranlasst: „Ebenso führt der Corporal und Posten-Kommandant ein besonderes Dienstbuch zur Eintragung der geleisteten Dienste."[45]

Im VIII. Kapitel des GG 1850 wurde unter § 85 des GG 1850 – *Massabüchel* – ausgeführt: „Die Evidenz der Kassagelder wird durch die Massabüchel der Gens'darmerie und durch die Massaregister der Flügel-Kommandanten hergestellt. Das Massabüchel hat den Namen des Mannes, seine volle Personsbeschreibung, so wie Beförderung im Dienste, nebst einem Ausweis über alle Massagebühren und einem Verzeichnisse der Montoursorten mit ihrer Dauerzeit zu enthalten. In diesem Büchel werden vierteljährlich alle Empfänge des Mannes unter Bestätigung von zwei Zeugen abgeschlossen. Mit gleichen Rubriken wie die Kassabüchel sind die Massaregister der Flügel-Commandanten zu versehen. Bei den Musterungen ist sich von der ordentlichen Führung und Übereinstimmung der Massabüchel und Massaregister die Überzeugung zu verschaffen, und in den Fällen entdeckter Unrichtigkeiten sogleich das Erforderliche zu verfügen."[46]

4.2 DIENST-INSTRUCTION FÜR DIE LANDES-GENSD'ARMERIE 1850

Unmittelbar nach Gründung der Gendarmerie im Jahr 1849 zeichneten der Minister des Innern, *Alexander Freiherr von Bach*, und der General-Inspektor der k. k. Gendarmerie, *Johann Freiherr Kempen von Fichtenstamm*[47], im Jahr 1850 für eine Dienstinstruktion für die Landesgendarmerie verantwortlich.

Im Siebten Kapitel wird im § 216 unter dem Titel „Von den Dienstschriften der Gens'darmerie" ausgeführt: „Jeder Stations-Commandant, Vize-Corporal, Corporal oder Wachtmeister hat ein Stations-Dienstjournal zu führen, für

---

44 Ebd., S. 215.
45 Ebd., S. 215.
46 Ebd., S. 228.
47 Feldmarschallleutnant Johann Freiherr Kempen von Fichtenstamm wurde 1849 zum Gendarmerie-Generalinspektor ernannt. Er trat mit 4. September 1859 in den Ruhestand. Vgl. NEUBAUER, Franz: Die Gendarmerie in Österreich 1849–1924 (wie Anm. 1), S. 584.

welches die Beilage ein, mit entsprechenden Beispielen versehenes Muster erteilt. In diesem Dienstbuche ist eine besondere Abtheilung für die Übersicht des Mannschaftsstandes auf jedem Posten gewidmet.

Die zweite Abtheilung erhält die Nachweisung der täglichen Dienstausübung und des Erfolges. Zu diesem Dienstbuche, welches stets bei der Abtheilung verbleibt, und bei Ablösung von dem abtretenden an den übernehmenden Commandanten ordnungsmäßig zu übergeben ist, soll eine vollständige Übersicht des Standes, der Dienstausübung der Erfolge jeder Abtheilung geliefert werden.

Der Stations-Commandant hat vorher im Stations-Dienstbuch I. Theil den Mannschaftsstand, wie er ihn bei seinem Eintritte gefunden hat, mit Anführung der Namen und Chargen seiner Leute aufzunehmen, und jede während seines Commando's sich darin ergebende Veränderung zur gehörigen Zeit und in der betreffenden Rubrik zu bemerken.

Im Stations-Dienstbuche II. Teil hat er in der ersten Rubrik zu bemerken, welche höheren Aufträge oder Aufforderungen von Behörden ihm zugekommen sind; in der zweiten Rubrik an jedem Tage einzutragen, welche Leute und mit welchen Aufträgen er in den Dienst commandirt habe; in der dritten Rubrik ist alles dasjenige anzuführen, was die in den Dienst commandirte Mannschaft bezüglich der Patrouillirungen, Controllungen oder Respicirungen, oder aus besonderen Anlässen geleistet hat; die vierte Rubrik enthält die Erfolge der Dienstesausübung der ganzen Station, sie mögen sich durch die Leistungen des Commandanten oder seiner Untergebenen ergeben haben; in der fünften Rubrik hat der Stations-Commandant die von ihm persönlich vollzogenen dienstlichen Berichtungen einzutragen. Endlich ist eine Anmerkungsrubrik vorhanden, welche zur Aufnahme besonderer Bemerkungen dient.

Es versteht sich, dass das Stations-Dienstbuch möglichst umständliche Daten auch über die Art und pünctliche Vollziehung des Zusammentreffens mit den Patrouillen benachbarter Bezirke, sowie über die richtige Ablieferung der Gefangenen, Abgabe der Rapporte, Absendung der Extraboten und dgl. enthalten muss. Bei der Führung dieses Stationsbuches hat der Commandant bei strengster Ahndung die größte Gewissenhaftigkeit und Genauigkeit zu beobachten, indem diese Eintragungen die Grundlage zu dem später besprochenen, an den Flügel-Commandanten einzusendenden täglichen Dienstrapporte bilden. In einer besonderen Abtheilung des Stationsbuches müssen alle vom Aerare angeschafften Gegenstände, als: Einrichtungstücke der Kasernen und sonstige, wie immer geartete Requisiten verzeichnet werden. Dieses Verzeichnis ist fortwährend in Ordnung zu erhalten, und es müssen darin die Veränderungen durch Abgang, Verbrauch oder neue Anschaffung ersichtlich gemacht werden."[48]

4.3 KANZLEIVORSCHRIFT FÜR DIE K. K. GENDARMERIE 1893

Mit Circular-Verordnung vom 4. Mai 1893 gelangte eine Kanzleivorschrift für die k. k. Gendarmerie zur Ausgabe, welche zwar vorwiegend für den Gebrauch der Gendarmerieposten zusammengestellt wurde, jedoch auch für die Landesgendarmerie-Kommanden und die Abteilungskommanden analoge Geltung hatten. Alle früheren, mit dieser Kanzlei-Vorschrift nicht im Einklange stehenden Vorschriften und Anordnungen, dieselben mögen von hier oder von den Landesgendarmeriekommanden ergangen sein, traten nunmehr außer Kraft, und wurde zugleich die Einführung anderer periodischer Eingaben oder Specialberichte, als wie sie durch die Kanzlei-Vorschrift vorgezeichnet sind, untersagt. Die vorhandenen Protokolle und Drucksorten, welche von den mit der Kanzlei-Vorschrift hinausgegebenen Formularien abweichen, waren aufzubrauchen, Neuanschaffungen aber nach der vorliegenden Vorschrift zu bewirken.[49]

4.4 GENDARMERIEDIENSTINSTRUKTION (GDI) 1895

Im V. Hauptstück der GDI 1895 – *Besondere Vorschriften für die Vorgesetzen der Gendarmerie. A. Für den Postenkommandanten* – wird unter § 117 – *Führung der Postenkanzleigeschäfte* – ausgeführt: „Die Führung der Kanzleigeschäfte bei der Bundesgendarmerie ist durch die Kanzleivorschrift geregelt."[50]

---

48 Dienst-Instruction 1850 (wie Anm. 6), S. 64 f.
49 Vgl. Circular-Verordnung vom 4. Mai 1893, Nr. 9633/1537 III – Hinausgabe der Kanzlei-Vorschrift für die k. k. Gendarmerie. In: Verordnungsblatt für die kaiserlich-königliche Gendarmerie. Achtzehnter Jahrgang (Jänner bis Ende Dezember 1893), Nr. 1 bis 14, Nr. 4 vom 8. Mai 1893, S. 14 f. Inkludiert ist hier ein Verteiler, nach welchem die Kanzlei-Vorschrift für die k. k. Gendarmerie zu versenden war.
50 Gendarmerievorschriften (bearbeitet als Lehr-, Lern- und Nachschlagebehelf für die österreichische Bundesgendarmerie) von Gendarmerieoberst Dr. Arnold Lichem, Landesgendarmeriekommandant für Niederösterreich, zweite Auflage, Wien 1935, S. 65.

Unter Punkt B. *Für den Bezirksgendarmeriekommandanten* werden im § 119 der GDI die *Aufstellung der Bezirksgendarmeriekommanden* und *die allgemeinen Dienstespflichten des Bezirksgendarmeriekommandanten* definiert.[51]

Gemäß § 121 der GDI hat der Bezirksgendarmeriekommandant u. a. zu kontrollieren, „ob die Postenkommandanten die vorgeschriebenen Protokolle sowie die Übersicht über die erzielten wesentlichen Diensteserfolge richtig führen und die Kassen in Ordnung halten."[52]

Im Hinblick auf die Führung von Protokollen und Vormerken durch die Bezirksgendarmeriekommandanten nimmt diesbezüglich der Erlass des Bundesministeriums für Inneres vom 1. Dezember 1920[53] – ergänzt und abgeändert durch den Erlass des Bundesministeriums für Inneres vom 29. Dezember 1921,[54] den Erlass des Bundeskanzleramtes vom 11. Jänner 1930,[55] Nr. 194.777-10 sowie den Erlass des Bundeskanzleramtes vom 7. April 1935[56] – Bezug:

„Der Bezirksgendarmeriekommandant hat folgende Protokolle und Vormerke zu führen:
a) Das Stationsdienstbuch, das Verzeichnis über abpatrouillierte Ortschaften und den Dienststundennachweis, nach der für die Posten vorgeschriebenen Form. Der Dienst des Bezirksgendarmeriekommandanten auf auswärtigen Posten wird, wie bisher, in das Stationsdienstbuch des betreffenden Postens eingetragen;
b) Das Exhibitenprotokoll samt Index;
c) Das Reservatexhibitenprotokoll;

---

51 Ebd., S. 65–67.
52 Ebd., S. 66.
53 Erlass des Bundesministeriums für Inneres und Unterricht vom 1. Dezember 1920, betreffend den Wirkungskreis der Bezirksgendarmeriekommandanten und ihrer Stellvertreter. In: AV-GZD, Nr. 22, Jahrgang 1920, Nr. 70.544, Zahl 143, S. 109, vom 5. Dezember 1920.
54 Erlass des Bundesministeriums für Inneres vom 29. Dezember 1921, betreffend den Wirkungskreis der Bezirksgendarmeriekommandanten. In: AV-GZD, Nr. 16, Jahrgang 1921, Nr. 179.514, Zahl 113, S. 101, vom 31. Dezember 1921.
55 Erlass des Bundeskanzleramtes, betreffend die Austragung der „Übersicht der erzielten Diensterfolge und geleisteten Dienste". In: AV-GZD, Nr. 10, Jahrgang 1929, Nr. 194.777, Zahl 53, S. 37, vom 11. Jänner 1930.
56 Verzeichnis über die im Bezirk begangenen strafbaren Handlungen, deren Täter nicht eruiert wurden; Abschaffung. In: AV-GZD, Nr. 7, Jahrgang 1935, Nr. 313.445-GD.3, Zahl 26, S. 41, vom 29. Mai 1935.

d) Das Verzeichnis der im Bezirk begangenen strafbaren Handlungen, deren Täter nicht eruiert wurden;
e) (Punkte e und
f) zum Teil überholt durch die Fahndungsvorschrift für die Bundesgendarmerie);
g) Die Übersicht über die Einteilung der Gendarmen des Bezirkes;
h) Das Visitierungsprotokoll;
i) Die Spezialkarten des Verwaltungsbezirkes;
k) Das Inventar über Kanzleieinrichtung und Dienstbücher;
l) Die Kommandierungsliste;
m) Das Lokozustellbuch;
n) Die Übersicht über Diensterfolge.

Die erzielten wesentlichen Diensterfolge und geleisteten besonderen Dienste hat der Bezirksgendarmeriekommandant in die Übersicht des Bezirksgendarmeriekommandos und jenes Postens einzutragen, in dessen Rayon er den Erfolg erzielt, bzw. den besonderen Dienst geleistet hat. Die Abholung und Aufgabe der Post des Bezirksgendarmeriekommandos obliegt dem Lokoposten."[57]

4.5 KANZLEIVORSCHRIFT FÜR DIE K. K. GENDARMERIE, I. TEIL 1904

4.5.1 I. Abschnitt „Allgemeine Bestimmungen"

Im Abschnitt „Allgemeinen Bestimmungen" wird unter § 14 – *Protokolle* – ausgeführt: *„Für jeden Posten sind nachbezeichnete Protokolle vorgeschrieben:*

„1. Exhibitenprotokoll und Index.
2. Stationsdienstbuch mit den Mannschaftsdienstbüchern, dem Dienststundennachweise, dem Verzeichnis über abpatrouillierte Ortschaften, der Übersicht über die erzielten wesentlichen Diensterfolge und geleisteten besonderen Dienste, dann den Invigilierungsbüchern.
3. Gebührenzahlungsprotokoll.
4. Rechnung über die Verwendung des Bequartierungspauschales und des Beheizungs- und Beleuchtungszuschusses – Kasernvorschrift Punkt 104.
5. Wirtschaftsbuch – Kasernvorschrift Punkt 89.
6. Marodenbuch – Kasernvorschrift Punkt 82.
7. Übernahmespostjournal (Abholbuch).

---

57 Gendarmerievorschriften (wie Anm. 50), S. 316 f.

8. Postaufgabs- und Lokoexpeditionsjournal (Zustellbuch).
9. Kassaskontrierungsjournal.
10. Visitierungsprotokoll.
11. Meldebuch über Urlauber, und zwar bloß in jenen Postenstationen, in welchen sich keine Garnison befindet.
12. Tabakfassungsjournal.
13. Reservatexhibitenprotokolle.

Die Einzelposten haben die sub Punkt 4, 5, 6 und 10 bezeichneten Protokolle nicht zu führen. Die vorgeschriebenen Protokolle werden bei der Aufstellung eines Postens vom Ärar angeschafft; in der Folge müssen sie aber aus dem Kanzleipauschale erhalten, beziehungsweise ergänzt werden. Die Mannschaftsdienstbücher sind aus der Kassa anzuschaffen; die Invigilierungsbücher werden vom Ärar beigestellt."[58]

4.5.2 II. Abschnitt „Führung der Protokolle"

Im Abschnitt „Führung der Protokolle" wird im Detail festgelegt, wie die Gendarmerieposten die vorgeschriebenen Protokolle (§ 14) zu führen haben (§§ 38–54):

– § 38 Exhibitenprotokoll (Formular 10), Index zum Exhibitenprotokoll (Formular 11)
– § 39 Stationsdienstbuch (Formular 12)

Das Stationsdienstbuch dient zur Eintragung aller von der Mannschaft zu verrichtenden Dienste:
1. Rubrik: Fortlaufende Nummerierung für jeden auswärtigen Dienst
2. Rubrik: Vorschreibung des auswärtigen Dienstes. Derselbe teilt sich in:
a) Patrouillen („gewöhnliche Patrouillen" nach § 67 der Dienstinstruktion),
b) Kontrollpatrouillen,
c) Eskorten,
d) Assistenzen,
e) Sonstige außergewöhnliche Dienste.
3. Rubrik: Einrückungszeit, Aufforderungsvollzug, Erfolge bei Kontrollpatrouillen.
4. Rubrik: Ausweisung der Zehrungskostenbeiträge

---

58 Kanzleivorschrift für die k. k. Gendarmerie, I. Teil. Für die Gendarmerieposten- und Bezirksgendarmeriekommanden. Wien 1904, S. 12 f.

5. Rubrik: Kenntlichmachung der zum Vollzuge vorgeschriebenen Aufträge, Aufforderungen, Invigilierungen und Exhibiten.

- § 40 Mannschaftsdienstbuch (Formular 13 a, b, c, d)
  Das Mannschaftsdienstbuch dient dem Gendarmen zu seiner Legitimation, zur Vorschreibung des Dienstes sowie zur Nachweisung des Vollzuges.
- § 41 Dienststundennachweis (Formular 14)
  Der Dienststundennachweis dient zur übersichtlichen Nachweisung der Zeit und Art der geleisteten Dienste, verrichteten Tag- und Nachtstunden und eingehaltenen Minimalstundenzahl. Verzeichnis der abpatrouillierten Ortschaften und Objekte (Formular 15).
- § 42 Übersicht der erzielten wesentlichen Diensterfolge und geleisteten besonderen Dienste (Formular 16)
  Diese Übersicht bildet eine Beilage des Stationsdienstbuches und wird vom Beginn eines jeden Jahres geführt, während des Monates nur mit Bleistift, nach Monatsschluss aber mit Tinte ausgetragen (unterteilt in 59 Rubriken).
- § 43 Invigilierungsbuch (Formular 17)
  Schriftliche Invigilierungsaufträge sind Geschäftsstücke, welche von den Gerichts- oder Polizeibehörden sowie von Militärbehörden oder Kommandos herablangen und die Ausforschung einer wegen einer strafbaren Handlung verfolgten Person oder die Ausforschung von Gegenständen, die abhandenkamen oder mit strafbaren Handlungen im Zusammenhange stehen, zum Gegenstand haben. Dazu gehören: Steckbriefe, Personsbeschreibungen, Polizeiblätter, Deserteurseingaben.
- § 44 Species facti
  Über jede von der Gendarmerie verhaftete Person (§§ 49–51 der Dienstinstruktion) wird ein Species facti (Tatgeschichte) verfasst.
- § 45 Strafkarten (Formular 18). Das Strafkartenformblatt umfasst insgesamt 19 Rubriken.
- § 46 Gebührenzahlungsprotokoll (Formular 19)
  Löhnungszettel (Gegenlöhnungszettel) – Formular 20
- § 47 Marodenbuch (Formular 21 und 22)
  Im Marodenbuch für die erkrankte Mannschaft werden sämtliche Erkrankungen der Gendarmen festgehalten. Darüber hinaus waren auch alle Impfungen und Nachimpfungen einzutragen. Übergabe erkrankter Mannschaft ins Spital (Formular 23–27). Ein kranker, zur Spitalsbehandlung beantragter Gendarm wird mittels Verpflegs- und Gegenverpflegszettels, dann der Partikularrevisionshilfe in der Regel dem nächsten Landwehrmarodenhause oder Militärspitale übergeben.

- § 48 Verrechnung der Zehrungskostenbeiträge (Formular 28)
  Begleitungstaxennachweis (Formular 29)
  Sonstige Gebühreneingaben (Formular 30–32)
- § 49 Rechnungen über die Verwendung des Bequartierungspauschales und des Beheizungs- und Beleuchtungszuschusses (Formular 33 und 34)
  Das Wirtschaftsbuch (Formular 35–37)
- § 50 Postjournale (Formular 38 und 39)
- § 51 Militärurlauber-Meldungsprotokoll (Formular 40)
- § 52 Visitierungsprotokoll und Visitierbefunde (Formular 41)
- § 53 Kassakontrierungsjournal (Formular 42)
- § 54 Sonstige Eingaben
  Nachschaffung und Reparatur der Kasern- und Kanzleieinrichtung (Formular 43–49)
  Tabakfassungsjournal (Formular 50 und 51)
  Monturseingabe (Formular 52–55)
  Massazuschüsse und Massaüberschuss (Formular 56 und 57)
  Eingaben über Massa- und Privateffekten eines Verstorbenen, Inhaftierten oder Deserteurs (Formular 58 und 59)
  Taglien (Formular 60)
  Marschroute und Reisejournal (Formular 61, 63–65)
  Quittungen und Gegenscheine (Formular 67 und 68)
  Eingaben über Gendarmerieaspiranten (Formular 69–73)
  Relationen über Probegendarmen (Formular 74 und 75)
- § 55 Drucksorten.[59]

4.6 KANZLEIVORSCHRIFT FÜR DIE K. K. GENDARMERIE, II. TEIL 1904

Im IV. Abschnitt *Kanzleiführung bei den Gendarmerieabteilungskommanden* der Kanzleivorschrift, II. Teil, wird unter § 64 – *Vorgeschriebene Protokolle und Vormerke* – ausgeführt: „Beim Gendarmerieabteilungskommando sind nachstehende Protokolle und Vormerke zu führen:
1. Exhibitenprotokoll und Index.
2. Reservatexhibitenprotokoll.

---

59 Kanzleivorschrift für die k. k. Gendarmerie, I. Teil (wie Anm 58), S. 30–75.

3. Strafprotokoll samt Index und eine Vormerkung über die monatlich verhängten Strafen.
4. Belobungsprotokoll samt Index.
5. Übernahmspostjournal, Postaufgabs- und Lokoexpeditionsjournal und Geldzustellungsbuch.
6. Standesprotokoll samt Einteilungsliste.
7. Visitierungsprotokoll.
8. Impfprotokoll (Zirkularverordnung vom 16. April 1903, Nr. 6462X, GBl. Nr. 5 ex 1903)
9. Normalienindex.
10. Verzeichnis über die Konduitelisten der Mannschaft und Konduitevormerkungen der Probegendarmen.
11. Vormerkung über die an die Mannschaft erteilten Urlaube.
12. Vormerkung über die Bequartierung der Abteilung und der Posten.
13. Vormerkung über die Verpflegungsverhältnisse bei der Abteilung.
14. Inventar über die Kanzlei- und Arresteinrichtung.
15. Waffengrundbuch in losen Blättern (Formular 94).
Die Abteilungen mit Administration außerdem ein Protokoll über abgeschlossene Verträge und die laut der Verpflegs-, Bequartierungs- und Massarechnungsinstruktion vorgeschriebenen Rechnungen, Journale, Ausweise und Vormerkungen."[60]

Im V. Abschnitt „Kanzleiführung bei den Landesgendarmeriekommanden" der Kanzleivorschrift, II. Teil, wird unter § 109 – Vorgeschriebene Protokolle – ausgeführt: „Bei den Landesgendarmerieabteilungskommanden sind außer den durch die Verpflegs- Bequartierungs- und Massarechnungsinstruktion, dann die Instruktion zur Führung der Kommandokassen und des Personalgrundbuches sowie die Anleitung zur Verfassung der Jahresrechnungen vorgeschriebenen, noch nachstehende Protokolle und Vormerke nach den bezogenen Bestimmungen, beziehungsweise Formularien, zu führen:
1. Exhibitenprotokoll (nach Formular 10 und analog den Bestimmungen des § 38, beziehungsweise des § 65 der Kanzleivorschrift samt Skontrobogen (Formular 131) und Index.

---

60 Kanzleivorschrift für die k. k. Gendarmerie, II. Teil, Für die Gendarmerieabteilungs- und Landesgendarmeriekommanden. Wien 1904, S. 10 f. Anmerkung: In der Kanzleivorschrift von 1911 existieren 14 Protokolle und Vormerkungen; der Punkt 13 (Vormerkung über die Verpflegungsverhältnisse bei der Abteilung) wurde gestrichen. Vgl. Kanzleivorschrift für die k. k. Gendarmerie, II. Teil, S. 11.

2. Reservatexhibitenprotokoll samt Index (in derselben Art wie das allgemeine).
3. Verzeichnis „M".
4. Offiziersstrafprotokoll (§ 66 der Kanzleivorschrift).
5. Offizierskrankenprotokoll (Formular 117).
6. Offiziersurlauberprotokoll (analog dem Muster Beilage 6 der Vorschrift über die Beurlaubung).
7. Tagesbefehlsprotokoll (Formular 118).
8. Verzeichnisse über die hinausgegebenen belehrenden Befehle (Formular 119).
9. Standesprotokoll (analog den Bestimmungen des § 71, jedoch nach den Formularen 120a, 120b und 120c in drei Abteilungen, und zwar: der systemisierte und präsente Stand nebst den Veränderungen, dann die Dozierung des Zuwachses und endlich die Dozierung des Abganges separat).
10. Vormerkung über zeitlich beurlaubte Mannschaft (Formular 121).
11. Vormerkung über superarbitrierte Mannschaft (Formular 122).
12. Vormerkung über die erteilten Verlängerungen dreimonatlicher und bewilligten sechsmonatlichen Urlaube (Punkt 57 der Vorschrift über die Beurlaubung).
13. Vormerkung über Unteroffiziere, welche um Zulassung zur Probepraxis bitten.
14. Evidenzregister über die mit Zertifikaten beteilten Unteroffiziere (Formular 123).
15. Vormerkung über im Spital (Militärbadeheilanstalt) befindliche Mannschaft (Formular 124).
16. Vormerkung über dekorierte Mannschaft.
17. Vormerkung über reitkundige Mannschaft (Formular 83d).
18. Vormerkung über die zum Feldgendarmeriedienste bestimmte Mannschaft.
19. Vormerkung über die um Ehebewilligung bittende Mannschaft (bei Landesgendarmeriekommanden, bei denen die zulässige Zahl der Verheirateten voll ist und die Ehegesuche erst nach Maßgabe der Abgänge vorgelegt werden können).
20. Vormerkung über Verheiratete (Formular 83e).
21. Dislokationsprotokoll (Formular 85).
22. Einteilungsliste über Offiziere und Mannschaft (Formular 125).

23. Rangsliste der Wachtmeister, Titularwachtmeister, Postenführer und Chargenschüler.
24. Vormerkung über Gendarmerieaspiranten (Formular 126) und Probegendarmen (Formular 127).
25. Normalienindex.
26. Visitierunsprotokoll (§ 52, beziehungsweise § 72; Abschriften der Visitierungsbefunde sind nicht einzusenden).
27. Vormerkungen über Postenvisitierungen (Formular 128).
28. Urlaubermeldungsprotokoll.
29. Vormerkung über gerichtliche und vom Landesgendarmeriekommando verhängte Disziplinarstrafen (Formular 129).
30. Vormerkung über die in gerichtlicher Untersuchung stehende Mannschaft (Formular 130).
31. Inventar über Dienstbücher reservierten Inhaltes.
32. Die im § 64, Punkt 5 vorgeschriebenen Postbücher.
33. Bei Landesgendarmeriekommanden mit konzentrierter Administration außerdem noch die für Abteilungen und Administration vorgeschriebene Einteilungsliste (Formular 86) und das Protokoll über abgeschlossene Verträge (Formular 90); - in der Rechnungskanzlei zu führen."[61]

---

61 Kanzleivorschrift für die k. k. Gendarmerie, II. Teil (wie Anm. 60), S. 69-71.

5. QUELLENGRUNDLAGEN 1914–1955

5.1 ERLASS DES BUNDESKANZLERAMTES 1923

Im Erlass des Bundeskanzleramtes (BKA) vom 14. Dezember 1923, Nr. 62.163, wird ausgeführt: „Anlässlich der Visitierungsreise durch den Gendarmeriezentraldirektor wurde konstatiert, dass die mit Korpsbefehl Nr. 9 vom 3. Juli 1914 des früheren k.k. Gendarmerieinspektors geschaffenen Chroniken der Posten seit dem Umsturz nahezu allgemein nicht mehr weitergeführt werden. Dies sehr zum Schaden des Korpsgeistes und der Kenntnis des geschichtlichen Werdeganges jedes einzelnen Postens, abgesehen davon, dass die Chronik jedem neuen Kommandanten wertvolle Aufschlüsse in Lokal- und Personalfragen zu geben vermag. Demnach wird verfügt, dass diese Chroniken in allen Teilen nach wie vor weiterzuführen sind und die visitierenden Vorgesetzten darüber zu wachen haben. Veränderungen, Vorfallenheiten und dgl. in großen Zügen nachzutragen, und hat es auch fernerhin nicht auf eine kleinliche Niederlegung von Begebenheiten des Alltages, sondern nur solcher Ereignisse anzukommen, wie sie im Allgemeinen in dem eingangs erwähnten Korpsbefehl angeführt sind. Alle neuerrichteten Kommandos beginnen die Chronik mit dem Aufstellungstag. Bezirks-, Abteilungs- und Landesgendarmeriekommandos haben analoge Chroniken zu führen und sind bei den zwei letztgenannten Kommandos überdies die Anordnungen des gegenständlichen Korpsbefehles, betreffs ‚Geschichte der Gendarmerie', fortlaufend zu vollziehen. Die Chroniken können in bescheidenem Maßstab gehalten werden, und sind die ersten Anschaffungskosten zu Lasten des Gendarmerieetats, Rubrik Amts- und Kanzleierfordernisse, Post 19 a. zu verrechnen."[62]

Infolge dieses Erlasses vom 14. Dezember 1923 wurden von den einzelnen LGK-Anschaffungsbitten an das Bundeskanzleramt übermittelt,[63] die in wei-

---

[62] Erlass des Bundeskanzleramtes, Nr. 62.163, vom 14.12.1923. In: FÜRBÖCK, Hans (Hg.): Alphabetisches Erlassverzeichnis für die österreichische Bundesgendarmerie, 3. ergänzte und berichtigte Auflage. Wien 1955, S. 76. Dem Erlass wurde eine Abschrift des Korpsbefehles Nr. 9 aus dem Jahr 1914 beigelegt.

[63] Exemplarisch für das LGK Burgenland. Vgl. LGK für das Burgenland, E. Nr. 5020 Adj./4393 Ö.R. vom 28. Dezember 1923: Chroniken der Posten; Bitte um Anschaffungsbewilligung. In Befolgung des Erlasses vom 14.12.1923, Zl. 62.163, wird folgendes gemeldet: Das LGK

terer Folge bewilligt wurden.⁶⁴ Ab April 1924 erfolgte die weitere Drucksortenbeschaffung im Chronikbereich über Weisung des Bundeskanzleramtes nur mehr ausschließlich über die Österreichische Staatsdruckerei.⁶⁵

5.2 ERLASS DES BUNDESKANZLERAMTES 1924

Im Erlass des Bundeskanzleramtes vom 11. Februar 1924, Nr. 30.773, wird ausgeführt: „Im Nachhang zum ha. Erlass vom 14. Dezember 1923, Z. 62.163, betreffend die Weiterführung der Postenchroniken, wird verfügt, dass alle jene Geschäftsstücke, welche für die Gendarmerie im allgemeinen oder für die Chronik der betreffenden Gendarmeriedienststellen von besonderer Bedeutung bzw. dauerndem Wert sind, also der Nachwelt erhalten werden sollen, im Original oder in bestätigter Abschrift chronologisch geordnet und in einem Umschlag faszikuliert unter den Beiträgen zur Geschichte der Landesgendarmeriekommandos bzw. mit der Chronik zu verwahren sind. Soweit die bezüglichen Akten von früher her – insbesondere aus der Kriegs- und Nachkriegszeit – noch vorhanden sind, sind sie dem zu bildenden Faszikel einzuverleiben."⁶⁶

---

benötigt für den eigenen Bedarf (1 Chronik), für 3 Abteilungskommandos (3 Chroniken), für 8 BGK (8 Chroniken) und für 90 Postenkommandos (90 Chroniken), zusammen 102 Chroniken. Die Fa. Josef Bauer, Wiener Neustadt, Hauptplatz 8, hat dem LGK passende Bücher zu 8.000 Kronen per Stück offeriert. Ein billigeres Angebot war nicht zu erhalten. Die Anschaffungskosten für 102 Stück derartige Bücher betragen demnach 816.000 Kronen. Es wird um Bewilligung erbeten, diese vorbezeichneten Bücher als Chroniken ankaufen zu dürfen.

64 Vgl. Bundeskanzleramt, Generaldirektion für die öffentliche Sicherheit, Nr. 67.525/1923 vom 9. Jänner 1924: LGK Burgenland; Chroniken der Posten – Anschaffung: Die Anschaffung von 102 Chroniken zum Höchstbetrage von insgesamt 816.000 Kronen auf Rechnung des Gendarmerieetats, Rubrik 19, wird bewilligt.

65 Vgl. Bundeskanzleramt, Zahl: 57.932-15/1924, vom 15. April 1924, Gegenstand: Postenchronik – Drucksortenbeschaffung: Mit Rücksicht auf die Ausführungen im Referat des Voraktes, Zahl: 42.785-15/1924, wären nur die bei der Staatsdruckerei erhältlichen Exemplare, welche dem gedachten Zweck vollkommen entsprechen, anzuschaffen. Demnach hätte zu ergehen (LGK Wien, Nr. 1530 Ö.R./24 vom 8.4.1924): Mit Rücksicht auf die gebotenen Sparmaßnahmen sind die Postenchroniken die bei der Staatsdruckerei zum Preis von 15.000 Kronen per Stück erhältlichen, einfach linierten Bücher, welche dem gedachten Zwecke vollkommen entsprechen, zu verwenden bzw. in Hinkunft nachzuschaffen.

66 Erlass des Bundeskanzleramtes, Nr. 30.773, vom 11.02.1924. Gegenstand: Chronik der Posten; Weiterführung – ergänzende Weisungen. In: FÜRBÖCK, Hans (Hg.): Alphabetisches

Dieser Nachtragserlass des Bundeskanzleramtes vom 11. Februar 1924 beruht auf einer Meldung des LGK Steiermark.[67]

5.3 ERLASS DES BUNDESKANZLERAMTES 1927

Im Erlass des Bundeskanzleramtes vom 10. Mai 1927, Nr. 139.088-10/1926, wird ausgeführt: „Zwecks Erzielung einer einheitlichen Führung der Chroniken bei den einzelnen Gendarmeriedienststellen werden unter Bezugnahme auf den Korpsbefehl des ehemaligen Gendarmerieinspektors Nr. 9 vom 3. Juli 1914 und im Sinne der ha. Erlässe vom 14. Dezember 1923, Z. 62.163, bzw. vom 11. Februar 1924, Z. 30.773-15, als allgemeine Richtlinien nachfolgend jene Daten und Begebenheiten angeführt, die für die Aufnahme in die Chroniken in Betracht kommen. Im Abschnitt ‚Wichtige Begebenheiten' (neue Drucksorte ‚Abschnitt V') ist zu schildern:

I.
Kurze Entstehungsgeschichte der Postenstation und des Postens, zumindest die Jahreszahl oder näheres Datum der Errichtung des Postens, womöglich auch unter Anführung von Charge und Namen des ersten Kommandanten selbst, Beschreibung des Postenrayons in Bezug auf Beschaffenheit des Terrains, Anzahl und hauptsächliche Beschäftigung der Bevölkerung (Industrie, Arbeiterzahl), Bahnen, Straßen und sonstige Verkehrslinien, Anführung der zum Posten-rayon gehörenden Ortschaften, Amtsort der zuständigen Gerichte (Bezirksgericht und Gerichtshöfe I. und II. Instanz), der Bezirkshauptmannschaft, des Bezirks- und Abteilungskommandos sowie alle diesbezüglichen Veränderungen. Der kurze historische Überblick über die Entstehung der Postenstation sowie die geschichtlichen Ereignisse, die sich im Bereich

---

Erlassverzeichnis für die österreichische Bundesgendarmerie, 3. ergänzte und berichtigte Auflage. Wien 1955, S. 77.
67 Vgl. LGK für Steiermark, Nr. 328 Adj. Zahl: 25.731/24, vom 15. Jänner 1924, Chronikführung – Meldung: Durch eine Skartierung der aus den Kriegsjahren stammenden Akten würden eine Fülle wertvollen Materials verloren gehen, würden also für die Nachwelt ausgelöscht werden. Dieses Material ist für die Geschichte der Gendarmerie bzw. für die Chronik der einzelnen Gendarmeriedienststellen von besonderer Bedeutung. Es wären daher zum ha. Erlass vom 14. Dezember 1923, Zahl: 62.163, ergänzend Weisungen zu erlassen, damit dieses wertvolle Material erhalten bleibt. Diese Weisungen wären noch dahin zu ergänzen, dass auch Akten aus der Nachkriegswelt in die Sammlung einzubeziehen sind.

des Postens abgespielt haben, ist jedoch nicht unbedingt zu fordern, sondern bleibt vielmehr der Geschicklichkeit und dem Fleiß des Postenkommandanten überlassen.

II.
Für die fortlaufenden Eintragungen hat als Grundsatz zu gelten, dass die Chronik im Allgemeinen ein Bild der Tätigkeit des Postens geben soll und dass aus ihr demnach ungefähr zu entnehmen sein muss, in welcher Beziehung der Postenrayon besonders zu tun gibt und welche besonderen Ereignisse sich in demselben abgespielt haben. Hierher gehören beispielsweise:
- Besondere Vorkommnisse (Ereignisse) mit Berücksichtigung hervorragender Daten der Gendarmerie oder einzelner Gendarmeriebeamten (Namen anführen), jedenfalls aber jene, die eine Belohnung (Anerkennung) zur Folge hatten, die dann unter Anführung des Erlasses (Befehles usw.) und Anführung des Textes des Belobungsdekretes zu erwähnen ist.
- Konzentrierungen unter Anführung der Zahl der Beamten, unter welchem Kommando sie standen oder eingeschritten sind. Waffengebräuche (Anlass, von wem, gegen wen, mit welcher Waffe, mit welchem Ausgang usw.), schwere Verletzungen im Dienst, natürlich und unnatürliche Todesfälle von Gendarmeriebeamten, nicht regelmäßig wiederkehrende Festlichkeiten (Feierlichkeiten) oder Ereignisse, die einen besonderen Eindruck in der Bevölkerung hervorgerufen haben, unter Anführung der wichtigsten Persönlichkeiten, die daran beteiligt waren, größere Elementarereignisse, größere Unglücksfälle, auffallende Erscheinungen in Bezug auf strafbare Handlungen (z. B. Brandstiftungen, Schmugglerwesen, Zigeunerwesen usw.) und epidemische Erkrankungen von Menschen und Tieren in größerem Umfang, wenn möglich, unter Anführung der vermuteten oder tatsächlichen Ursachen.

III.
Interne Angelegenheiten der Gendarmerie:
Ausgabe neuer Adjustierungs- (Bewaffnungs-)vorschriften (und erstes Einlangen der etwaigen neuen Sorten, auch welche, die nur zur Erprobung zugewiesen waren, unter Anführung des Erprobungsresultates), neuer Gehalts- und wichtiger Nebengebührennormen (z. B. Abschaffung des Zehrungskostensystems und Einführung eines Nebengebührenpauschales, Ausgabe grauer Monturen an Stelle der khakifarbigen). Neueinführungen hinsichtlich Dienstbetriebs; insofern dies auch für die Bevölkerung sichtbar ist (z. B. Adjustie-

rungsänderungen), kann auch die Beurteilung solcher Maßnahmen durch die Bevölkerung in entsprechender Weise dargestellt werden.

IV.
Für die Bezirks-, Abteilungs- und Landesgendarmeriekommanden gelten im Allgemeinen die gleichen Richtlinien, es darf dies nicht aber etwa eine Sammlung aller bei den Posten eingetragenen Daten sein, manche Sache, die z. B. für den Posten wichtig erscheint, wird für das Bezirksgendarmeriekommando untergeordnete Bedeutung haben.

Abteilungs- und Bezirksgendarmeriekommanden werden hauptsächlich Daten eintragen, die auf innere Angelegenheiten der Gendarmerie Bezug haben, z. B. allgemein auffallend zu Tage tretende Wahrnehmungen in Bezug auf Berufsfreude, Dienstverrichtung, Aufführung (Disziplin), materielle Lage der Beamten und dgl.

I. Die vorstehenden Richtlinien gelten hauptsächlich für die visitierenden Vorgesetzten, welche die unterstehenden Dienststellen gelegentlich der Bereisungen über die Führung und den Wert der Chronik entsprechend zu belehren bzw. gegebenenfalls zu unterweisen haben, was fallweise Gegenstand der Eintragung bilden soll.

Allgemeine Anordnungen, was einzutragen ist, sollen nicht zu sehr ins Detail gehen, sondern nur Richtlinien und Anhaltspunkte enthalten.

Wenn der eine oder der andere mehr einträgt, darf dies nicht zum Gegenstand einer Beanstandung gemacht werden, wie denn überhaupt kleinliche Nörgeleien zu vermeiden sein werden.

Die Ausgabe schriftlicher Belehrungen über die Führung der Chroniken wird verboten, die Belehrung hat vielmehr nur mündlich gelegentlich der Visitierungen zu erfolgen. Manche Dinge werden z. B. erst mit Jahresschluss aufzunehmen sein, z. B. Wahrnehmungen über auffallende Erscheinungen auf strafrechtlichem Gebiet und dgl.

Die bereits bestehenden Chroniken sind nicht neu anzulegen, sondern, falls notwendig, nach den vorstehenden Richtlinien soweit dies überhaupt noch möglich, zu vervollständigen.

Bei Auflassung von Gendarmeriedienststellen ist deren Chronik dem zuständigen Landesgendarmeriekommando abzuführen, dass die weitere Verwahrung zu übernehmen hat.

Schließlich wird noch bemerkt, dass bei der Staatsdruckerei in Wien die Neuauflage einer entsprechenden Drucksorte veranlasst wurde, welche bei der Anlage bzw. Fortsetzung von ausgeschriebenen Postenchroniken von dort bezogen werden kann."[68]

Dieser Erlass des Bundeskanzleramtes wurde von den Landesgendarmeriekommanden ergänzt und für die örtlichen Wirkungsbereiche verlautbart.[69]

Die Adaptierungen und genaueren Aufschlüsselungen der Chronikinhalte waren aufgrund unterschiedlicher Herangehensweisen bei der Führung der Chroniken erforderlich geworden, um eine möglichst detaillierte und einheitliche Chronik-Führung zu gewährleisten.

In einem diesbezüglichen Schreiben führt der LGK-Kommandant für Niederösterreich aus: „Über die Art der Führung der Chronik bei den Gendarmeriedienststellen herrscht nicht nur bei den Postenkommandanten, sondern auch bei den leitenden Beamten eine verschiedene Auffassung. Während z. B. ein Posten eine bis auf die älteste Zeit zurückreichende Geschichte seines Postenrayons zusammengetragen, zusammengetragen aus alten Stadtchroniken und Pfarrbüchern, in der Postenchronik wiedergibt und zugleich Einrichtungen und Begebenheiten, welche die Gendarmerie betreffen, in Form von subjektiv gehaltenen Schilderungen, verbunden mit einer zuweilen die Grenze des Erlaubten überschreitenden Kritik verzeichnet, begnügt sich ein anderer Postenkommandant damit, die seit seiner Kommandoführung vorgenommenen mehr oder weniger wichtigen Vorfälle im Rayon schlagwortartig, möglichst kurz und trocken in die Chronik aufzunehmen. Der eine Postenkommandant tut des Guten zu viel, er opfert seine freie Zeit, führt eine ausgedehnte Korrespondenz und seine Chronik bildet Folianten, der andere hingegen weiß sich nicht zu helfen und die Chronik zeigt leere Blätter, bis endlich der visitierende Vorgesetzte in die Lage kommt, ihm in Ermangelung anderer vorhandener Behelfe anzudeuten, was er aus dem Exhibitenprotokoll oder Stationsdienstbuch etwas ausführlicher in die Chronik zu übertragen hätte."[70]

Im Jahr 1936 beantragte das LGK für Tirol, den Absatz 4 des Abschnittes 5 des gegenständlichen Erlasses des Bundeskanzleramtes vom 10. Mai

---

68 Erlass des Bundeskanzleramtes, Nr. 139.088-10/1926, vom 10.05.1926. In: FÜRBÖCK, Hans (Hg.): Alphabetisches Erlassverzeichnis für die österreichische Bundesgendarmerie, 3. ergänzte und berichtigte Auflage. Wien 1955, S. 77 f.
69 Vgl. Befehl des Landesgendarmeriekommandos für Tirol vom 23. Mai 1927, Zahl: 1071 Adj. Innsbruck, 23. Mai 1927.
70 Schreiben des LGK für Niederösterreich an die Gendarmeriezentraldirektion, Nr. 2700 Adj., Führung der Postenchronik – Anstände. Wien, am 9. Juli 1926.

1927, Zl. 139.088-10/1926 – „Die Ausgabe schriftlicher Belehrungen über die Führung der Chroniken wird verboten, die Belehrung hat vielmehr nur mündlich gelegentlich der Visitierungen zu erfolgen" – folgende neue Fassung zu geben: „Das Landesgendarmeriekommando (Abteilungskommando) kann nach den gegebenen Umständen schriftliche Belehrungen über die Führung der Chroniken erlassen. Dieser Antrag wird folgend begründet: Mit Erlass des BKA vom 10. Mai 1927, Zl. 139.088-10/1926 wurde verfügt, dass bezüglich der Führung der Chroniken auf den Gendarmeriedienststellen nur mündliche Belehrungen gelegentlich der Bereisungen zu erteilen sind und schriftliche Belehrungen zu unterbleiben haben. Im Hinblicke auf die bei der Gendarmerie seit der Revolution in ganz außerordentlichem Maße eingeschränkte Bereisungstätigkeit ist die Durchführung einer entsprechenden Kontrolle der Verfassung der Chroniken in mündlicher Form wesentlich erschwert. Die Herausgabe allgemeinen Befehle würde wesentlich dazu beitragen, dass die Chronik in dem vom ehemaligen k. und k. Gendarmerie-Inspektor gewünschten schönen Sinne geführt wird und dadurch auch ein wertvoller Behelf für die Festhaltung der beispielgebenden Leistungen der Gendarmerie auch auf den kleinsten Posten gegeben wäre. Das Landesgendarmeriekommando bittet daher, die Änderung des zitierten Erlasses in Erwägung zu ziehen."[71]

Das Bundeskanzleramt (Generaldirektion für die öffentliche Sicherheit) führte zu diesem Antrag aus: „Aus dem Referat des Bezugsaktes geht hervor, dass es gerade zur Erzielung der gebotenen Einheitlichkeit bei der Führung der Chroniken angezeigt war, an alle LGK und das Gendarmeriebekleidungsamt Weisungen zu erlassen. Einzig und allein auf diese Notwendigkeit ist es offenbar zurückzuführen, dass mit dem nach dem Bezugsakte hinausgegebenen Erlass die Ausgabe schriftlicher Belehrungen über die Führung der Chroniken verboten und eine Belehrung nur mündlich gelegentlich der Visitierungen nach bestimmten Richtlinien angeordnet wurde. Würde man es den Landesgendarmeriekommandos und den Gendarmerieabteilungskommandos anheimstellen, nach den gegebenen Umständen schriftliche Belehrungen über die Führung der Chroniken zu erlassen, so wäre die angestrebte und notwendige Einheitlichkeit jedenfalls gefährdet. Die Begründung im Einlaufe, dass im Hinblick auf die bei der Gendarmerie seit der Revolution in ganz außerordentlichem Maße eingeschränkte Bereisungstätigkeit die

---

71 LGK für Tirol, Zahl: 3758, Betreff: Chronik; Richtlinien für den Führung, Abänderung. Innsbruck, am 31. Juli 1936.

Durchführung einer entsprechenden Kontrolle der Verfassung der Chroniken in mündlicher Form (?) wesentlich erschwert ist, wäre als nicht stichhaltig anzusehen, da selbst eine einmalige jährliche Einflussnahme des Bezirks- und Abteilungskommandanten im Sinne des 1. bis 3. Absatzes des Punktes 5 in dem nach dem Bezugsakte hinausgegebenen Erlasses vollkommen ausreichen dürfte. Eine weitere Einflussnahme war mit Bedacht von Haus aus nicht beabsichtigt und dürfte auch in Zukunft entbehrlich sein. Dem Antrage des Landesgendarmeriekommandos auf Abänderung des Erlasses des Bundeskanzleramtes vom 10.5.1927, Zl. 139.088-10/26 kann aus prinzipiellen Gründen keine Folge geleistet werden."[72]

5.4 GENDARMERIEVORSCHRIFTEN – ÖKONOMISCH-ADMINISTRATIVER TEIL 1931

In den „Gendarmerievorschriften – Ökonomisch-administrativer Teil" aus dem Jahr 1931 (1. Auflage) werden im Ersten Hauptstück „Kanzleivorschrift für die Gendarmerie, I. Teil. Für die Gendarmerieposten- und Bezirksgendarmeriekommandos" unter § 14 – Protokolle und Vormerke – die für jeden Posten vorgeschriebenen Protokolle und Vormerke aufgeschlüsselt:
– Unterpunkt 9: Chronik der Dienststellen (Korpsbefehl Nr. 9, Gend.-Insp., vom 3. Juni 1914).[73]

In den Erläuterungen zu § 14 werden in Bezug auf die *Chronik der Dienststellen* folgende rechtliche Grundlagen dargestellt:[74]
1. Korpsbefehl des ehemaligen k. k. Gend.-Insp. vom 3. Juli 1914, Nr. 9,
2. Erlass des Bundeskanzleramtes vom 14. September 1923, Nr. 62.163,
3. Erlass des Bundeskanzleramtes vom 11. Februar 1924, Nr. 30.773,
4. Erlass des Bundeskanzleramtes vom 10. Mai 1927, Nr. 139.088-10/1926.

---

72 Bundeskanzleramt (Generaldirektion für die öffentliche Sicherheit), GZ: 348.832/G.D.3/36, Gegenstand: Führung der Chroniken; Antrag auf Abänderung der Richtlinien. Wien, im August 1936.
73 Vgl. Gendarmerievorschriften – Ökonomisch-administrativer Teil (bearbeitet als Lehr-, Lern- und Nachschlagebehelf für die österreichische Bundesgendarmerie von Gendarmerieoberst Dr. Arnold Lichem, Kommandant der Zentralschule der österreichischen Bundesgendarmerie), 1. Auflage, Wien 1931, S. 55. Jeder Posten hatte insgesamt 29 Protokolle und Vormerke zu führen.
74 Ebd., S. 57–60.

5.5 GENDARMERIEVORSCHRIFTEN – ÖKONOMISCH-ADMINISTRATIVER TEIL 1936

In den „Gendarmerievorschriften – Ökonomisch-administrativer Teil" aus dem Jahr 1936 (2. Auflage) werden im Ersten Hauptstück „Kanzleivorschrift für die Gendarmerie, I. Teil. Für die Gendarmerieposten- und Bezirksgendarmerie-kommandos" unter § 14 – *Protokolle und Vormerke* – die für jeden Posten vorgeschriebenen Protokolle und Vormerke aufgeschlüsselt:
- Unterpunkt 9: *Chronik der Dienststellen* (Korpsbefehl Nr. 9, Gend.-Insp., vom 3. Juni 1914).[75]

In den Erläuterungen zu § 14 werden in Bezug auf die „Chronik der Dienststellen" folgende rechtliche Grundlagen dargestellt:[76]
1. Korpsbefehl des ehemaligen k. k. Gend.-Insp. vom 3. Juli 1914, Nr. 9,
2. Erlass des Bundeskanzleramtes vom 14. September 1923, Nr. 62.163,
3. Erlass des Bundeskanzleramtes vom 11. Februar 1924, Nr. 30.773,
4. Erlass des Bundeskanzleramtes vom 10. Mai 1927, Nr. 139.088-10/1926.

5.6 BEFEHLE DER LGK VON 1914–1938 – EXEMPLARISCH

5.6.1 LGK für Niederösterreich

Der Erlass des Bundeskanzleramtes (Inneres), Abteilung 15, Zahl: 62.163 vom 14. Dezember 1923, wird behufs Danachachtung vollinhaltlich verlautbart. Demnach wird verfügt, dass diese Chroniken in allen Teilen nach wie vor weiterzuführen sind und die visitierenden Vorgesetzten darüber zu wachen haben. Wo eine Unterbrechung eingetreten ist, sind die inzwischen vorgekommenen Veränderungen, Vorkommnisse udgl. in großen Zügen nachzutragen und hat es auch fernerhin nicht auf eine kleinliche Niederlegung von Begebenheiten des Alltags, sondern nur solcher Ereignisse anzukommen, wie sie im Allgemeinen in dem eingangs erwähnten Korpsbefehl angeführt sind. Alle neu errichteten Kommandos beginnen die Chronik mit dem Auf-

---

75 Vgl. Gendarmerievorschriften – Ökonomisch-administrativer Teil (bearbeitet als Lehr-, Lern- und Nachschlagebehelf für die österreichische Bundesgendarmerie von Gendarmerieoberst Dr. Arnold Lichem, eingeteilt im Bundeskanzleramte), 2. Auflage, Wien 1936, S. 13. Jeder Posten hatte insgesamt 32 Protokolle und Vormerke zu führen.
76 Ebd. S. 257–260.

stellungsdatum. Bezirks-, Abteilungs- und Landesgendarmeriekommandos haben analoge Chroniken zu führen und sind bei den zwei letztgenannten Kommandos überdies die Anordnungen des gegenständlichen Korpsbefehls betreffs „Geschichte der Gendarmerie" fortlaufend zu vollziehen.[77]

Im Nachhange zum hieramtlichen Erlass vom 14.12.1923, Zahl: 62.163, betreffend die Weiterführung der Postenchroniken, wird verfügt, dass alle jene Geschäftsstücke, welche für die Gendarmerie im Allgemeinen, oder für die Chronik der betreffenden Gendarmerie-Dienststelle von besonderer Bedeutung bzw. dauerndem Werte sind, also der Nachwelt erhalten werden sollen, im Original oder in bestätigter Abschrift chronologisch geordnet in einem Umschlag faszikuliert unter den Beiträgen zur Geschichte der LGK bzw. mit der Chronik zu verwahren sind. Soweit die bezüglichen Akten von früher her – insbesondere aus der Kriegs- bzw. Nachkriegszeit – noch vorhanden sind, sind sie den zu bildenden Faszikeln einzuverleiben.[78]

5.6.2 LGK für Oberösterreich

Nachstehend wird der Erlass des Bundeskanzleramtes vom 14.12.1923, Zahl: 62.163/Abt. 15/Inneres, vollinhaltlich zur Kenntnis und Danachachtung verlautbart: „Anlässlich der Visitierungsreise durch den Gendarmeriezentraldirektor wurde konstatiert, dass die mit Korpsbefehl Nr. 9 von 3. Juli 1914 des früheren k. k. Gendarmerieinspektors geschaffenen Chroniken der Posten seit dem Umstürze nahezu allgemein nicht mehr weitergeführt werden. Dies sehr zum Schaden des Korpsgeistes und der Kenntnis des geschichtlichen Werdeganges jedes einzelnen Postens, abgesehen davon, dass die Chronik jedem neuen Kommandanten wertvolle Aufschlüsse in Lokal- und Personalfragen zu geben vermag. Demnach wird verfügt, dass diese Chroniken in allen Teilen nach wie vor weiterzuführen sind und die visitierenden Vorgesetzten darüber zu wachen haben. Wo eine Unterbrechung eingetreten ist, sind die inzwischen vorgekommenen Veränderungen, Vorkommnisse udgl. in großen Zügen nachzutragen und hat es auch fernerhin nicht auf eine kleinliche Niederlegung von Begebenheiten des Alltags, sondern nur solcher Ereignisse

---

77 Vgl. AV-LGK-NÖ, Jahrgang 1923, Nr. 32, Punkt 7, Chronik der Posten, Weiterführung. Nr. 5.593 A. Wien, 31. Dezember 1923, S. 3.
78 Vgl. AV-LGK-NÖ, Jahrgang 1924, Nr. 4, Punkt 5, Chronik der Posten, ergänzende Weisungen. Nr. 5.593/23 A. Wien, 20. Februar 1924, S. 2.

anzukommen, wie sie im Allgemeinen in dem eingangs erwähnten Korpsbefehle angeführt sind."[79]

Im Nachhange zum h.a. Erlasse vom 14.12.1923, Zahl: 62.163, betreffend die Wetterführung der Postenchroniken, wird verfügt, dass all jene Geschäftsstücke, welche für die Gendarmerie im Allgemeinen oder für die Chronik der betreffenden Gendarmeriedienststelle von besonderer Bedeutung bzw. dauernden Werte sind, also der Fachwelt erhalten werden sollen, in Original oder in bestätigter Abschrift chronologisch geordnet und in einem Umschlage faszikuliert unter den Beiträgen zur Geschichte der Landesgendarmeriekommandos bzw. mit der Chronik zu verwahren sind. Soweit die bezüglichen Akten von früher her, insbesondere aus der Kriegs- und Nachkriegszeit noch vorhanden sind, sind sie den zu bildenden Faszikeln einzuverleiben.[80]

5.6.3 LGK für Steiermark

Im Anhang zu den Befehlen Nr. 20 res. Adj. vom 25. Juni 1915 und Nr. 2.631 ex 1923 werden aufgrund gestellter Anfragen zwecks Austragung der Postenchroniken die Namen der Landesgendarmeriekommandanten und Gendarmerieinspektoren verlautbart.[81]

„Um hervorragende kriminalistische Leistungen der Posten nicht der Vergessenheit anheimfallen zu lassen, und zum Unterricht verwerten zu können, wird angeordnet:
1. Über alle hervorragenden Fälle krimineller Leistungen ist künftig das Aktenmaterial in Abschrift dem LGK einzusenden und dieses Aktenmaterial eine ausführliche Schilderung desjenigen beizulegen, der die Erhebung geleitet oder durchgeführt hat. Diese Schilderung muss derart vollständig sein, dass der Gang der ganzen Erhebung verfolgt werden kann.

---

79 AV-LGK-OÖ, Jahrgang 1923, Nr. 25, Punkt 6, Chronik der Posten, Weiterführung. Nr. 2.445 Adj. Linz, 27. Dezember 1923, S. 3–5.
80 Vgl. AV-LGK-OÖ, Jahrgang 1924, Nr. 2, Punkt 5, Chronik der Posten, Weiterführung, ergänzende Meldungen. Nr. 2.445 A. ex 1923. Linz, 20. Februar 1924, S. 1 f.
81 Vgl. AV-LGK-St, Jahrgang 1924, Nr. 2, Punkt V., Postenchronik. Nr. 5.386 Adj. Graz, 28. Jänner 1924, S. 2. Sämtliche LGK-Kommandanten und Gendarmerie-Inspektoren werden ab dem Jahr 1874 chronologisch angeführt.

2. Das LGK wird dieses Aktenmaterial der Ergänzungsabteilung überweisen, welche dasselbe entsprechend zu faszikulieren, aufzubewahren und im Unterricht zu verwerten hat."[82]

„Die Bestimmungen des Punktes II. der Amtlichen Verlautbarung des LGK für Steiermark, Nr. 24, vom 17. Juli 1924 werden dahin abgeändert, dass hinkünftig die Einsendung des Aktenmaterials über hervorragende Fälle krimineller Leistung von den Abteilungskommandanten direkt an die Ergänzungsabteilung zu erfolgen hat."[83]

---

[82] AV-LGK-St, Jahrgang 1924, Nr. 24, Punkt II., Kriminalchronik der Gendarmerie. Nr. 3.225 A. Graz, 17. Juli 1924, S. 1.
[83] AV-LGK-St, Jahrgang 1925, Nr. 16, Punkt VI., Aktenmaterial für die Kriminalchronik, Vorlage. Nr. 1.845 A. Graz, 28. April 1925, S. 1.

6. QUELLENGRUNDLAGEN 1938–1955 – EXEMPLARISCH

6.1 LGK FÜR NIEDERÖSTERREICH

Seitens der Staatsdruckerei Wien wurde unter Gendarmerie-Lager 100 a eine „Ergänzung zur Chronik des Gendarmeriepostens" (Abschnitt V – kurze Entstehungsgeschichte der Postenstation und des Postens selbst, Beschreibung des Postenrayons, wichtige Begebenheiten seit der Errichtung des Postens) auferlegt.[84]

Die Gendarmerie-Dienststellen werden aufmerksam gemacht, dass die Chroniken auf den unterstehenden Gendarmerie-Dienststellen nach den bisher geltenden Bestimmungen weiterzuführen sind. Auf die Befehle, AV Nr. 10 vom 22.4.1938, Punkt 4, E. Nr. 20.494 vom 30.12.1938 und E. Nr. 11.991 vom 15.3.1939 wird Bezug genommen. Falls keine speziellen Drucksorten mehr vorhanden sind, ist die Chronik in Heftform einfachster Art zu führen.[85]

6.2 LGK FÜR OBERÖSTERREICH

Nachstehend wird der Erlass des Reichsstatthalters in Österreich – Inspekteur der Ordnungspolizei – vom 5. April 1938, Zahl: 314.795 – GD.3/1938, zur Kenntnisnahme zwecks eventueller Bestellung vollinhaltlich verlautbart: „Im Anhange zum Erlass, Zahl: 377.411 – GD.3/1937 vom 24. Dezember 1937 (vom LGK unter E. Nr. 30 vom 5. Jänner 1938 nur an die Abteilungskommandos Nr. 1–6 verlautbart) wird bekanntgegeben, dass seitens der Staatsdruckerei Wien unter Gendarmerie-Lager Nr. 100 a eine „Ergänzung zur Chronik des Gendarmeriepostens" (Abschnitt V – kurze Entstehungsgeschichte der Postenstation und des Postens selbst, Beschreibung des Postenrayons, wichtige Begebenheiten seit der Errichtung des Postens) auferlegt wurde."[86]

---

84 Vgl. AV-LGK-NÖ, Jahrgang 1938, Nr. 10, Punkt 4, Chronik der Gendarmerie-Dienststellen; Auflegung einer Ergänzungschronik. E. Nr. 10.024. Wien, 22. April 1938, S. 4.
85 Vgl. AV-LGK-NÖ, Jahrgang 1940, Nr. 21, Punkt 16, Chroniken; Weiterführung. I a Pol./3-I-10. Wien, 21. August 1940, S. 6.
86 AV-LGK-OÖ, Jahrgang 1938, Nr. 13, Punkt 92, Chronik der Gendarmerie-Dienststellen;

Die Postenchroniken, sowie die Chroniken der Gendarmerie-Kreise und Gendarmerie-Hauptmannschaften sind nach wie vor gemäß der dienstlich ökonomischen Verfügungen Nr. 25/23, Punkt 6, und Nr. 2/24, Punkt 5, der LGK-Befehle, E. Nr. 1308 Adj. vom 19. Mai 1027 (ergangen an alle Gendarmerie-Hauptmannschaften und Gendarmerie-Kreise) und E. Nr. 536 Adj. vom 2. März 1929, ergangen an alle Gendarmerie-Inspizierungsbereiche (Gendarmerie-Hauptmannschaften) und Gendarmerie-Inspektionen (Gendarmerie-Kreise), ferner gemäß Amtlicher Verlautbarung des Kommandeurs Nr. 13/38, Punkt 92, zu führen. Speziell die durch den Krieg hervorgerufenen, die Gendarmerie betreffenden Maßnahmen und deren Auswirkungen (zum Beispiel Abgabe der Gendarmeriebeamten, Einstellung des Gendarmerie-Funkes, Vergleich über das Arbeitsgebiet der Gendarmerie vor und nach der Angleichung an die Altreichsverhältnisse, Einstellung der Polizei-Reserve-Einzeldienst, Objektwache usw.) sind besonders eingehend zu behandeln.[87]

6.3 LGK FÜR STEIERMARK

Gelegentlich von Bereisungen wurde festgestellt, dass im Kommandobereiche die Chroniken einander gleichgeordneter Gendarmerie-Dienststellen bezüglich der Eintragung der Namen der unterstellten Beamten verschiedentlich geführt werden. So tragen mehrere Bezirksgendarmeriekommanden in ihren Chroniken die Namen der Postenkommandanten und die sämtlichen eingeteilten Beamten der einzelnen Gendarmerieposten ihres Bezirkes ein, wobei zur Eintragung der eingeteilten Beamten und wegen der in dieser Beamtengruppe relativ häufigen Versetzungen einige Einlageblätter notwendig sind. Das LGK ordnet daher zur Erzielung einer einheitlichen Führung der Chroniken folgendes an: Die Abteilungskommanden haben in den entsprechenden Rubriken ihrer Chronik die Namen der Gendarmerie-Vorgesetzten und die der unterstellten Bezirksgendarmeriekommandanten und deren Stellvertreter einzutragen, die Bezirkgendarmeriekommanden die Namen der Gendarmerie-Vorgesetzten und die der ihnen unterstellten Postenkom-

---

Auferlegung einer Ergänzungschronik. LGK-Nr. 30 ad vom 13. April 1938. Linz, 27. April 1938, S. 1 f.
87 Vgl. AV-LGK-OÖ, Jahrgang 1940, Nr. 29, Punkt 270, Chroniken, Weiterführung in der Gendarmerie. Kdr.I-1001-Tgb.Nr. 2685/40 vom 10. August 1940. Linz, 14. August 1940, S. 2.

mandanten und die Postenkommanden die Gendarmerie-Vorgesetzten und die der ihnen unterstellten eingeteilten Beamten.[88]

Wie bei allen Gendarmerie-Dienststellen wird auch beim LGK eine Chronik geführt, die ein Bild aller im ho. Bereiche vorgekommenen wesentlichen Ereignisse darstellen soll. Da bisher in erster Linie nur textliche Beiträge erstellt wurden, ist beabsichtigt, in Zukunft eine wesentliche Ausgestaltung durchzuführen, zu welchem Zwecke alle Gendarmerie-Dienststellen angewiesen werden, von allen wirklich bedeutenden Vorkommnissen (z. B. Morden, großen Brandfällen, großen Verkehrsunfällen, Elementarkatastrophen, u. a. m.) Lichtbilder (auch solche aus der Lokalpresse) und Skizzen mit entsprechender Legende, soweit solche angefertigt wurden, dem LGK einzusenden. Diese Beiträge sollen jedoch im Allgemeinen die Breite der Rubrik „Begebenheit" der für die Chroniken in Verwendung stehenden Formblätter (Steiermärkische Landesdruckerei) nicht überschreiten.[89]

Generell kann festgehalten werden, dass die Chroniken der Gendarmerie-Dienststellen über den gesamten Zeitraum geführt wurden; nach dem Anschluss Österreichs an das Deutsche Reich im März 1938 wurde die Weiterführung der Chroniken angeordnet und nach Kriegsende im Mai 1945 wurden die Chronik-Tätigkeiten relativ rasch wieder aufgenommen.

---

88 Vgl. AV-LGK-St, Jahrgang 1950, Nr. 80, Punkt V., Chronik, einheitliche Führung. E. Nr. 19.331/1950. Graz, 11. Dezember 1950, S. 3.
89 Vgl. AV-LGK-St, Jahrgang 1952, Nr. 5, Punkt 13, Chronik des LGK; Beiträge durch die Gendarmerie-Dienststellen. E. Nr. 11.216/1952. Graz, 7. Februar 1952, S. 4 f.

6.4 LGK FÜR VORARLBERG

```
Landesgendarmeriekommando für Vorarlberg.
Nr.439 ad.
Führung der Chroniken,
Richtlinien.
                              An alle
              Gendarmeriebezirks - und Postenkommanden.
                       Bregenz,am 13.März 1946.

        Nach Pkt.7) des LGK.Befehles Nr.8 vom 20.Februar 1946 sind auch
die von früher her noch auf den Gendarmeriedienststellen vorhandenen
Chroniken zu führen.
        Es wird daher angeordnet,die Chroniken nach den hiefür ergan-
genen Richtlinien ( abgedruckt in den Gend.Dienstvorschriften,Ökon.
admin.Teil,Seite 57 - 60 ) in allen Teilen weiterzuführen,wobei für
den Zeitraum vom 11.März 1938 bis 1.Mai 1945 ( Befreiung Österreichs )
die wichtigsten Begebenheiten zusammenzufassen und als ein zeitliches
Ereignis im Abschnitt V der Chronik zu schildern sind.
        Die weiteren Austragungen in diesem Abschnitt der Chronik haben
dann ab Wiederaufnahme des Dienstes in der bisher üblichen Weise zu
erfolgen.
        Alle Vorkommnisse,die für eine Eintragung im Abschnitt V der
Chronik in Betracht kommen,sind vorher im Entwurf dem zuständigen
Bezirksgendarmeriekommando zur Überprüfung und ev.Ergänzung vorzulegen
und erst nach Genehmigung durch das Bezirksgendarmeriekommando in die
Chronik einzutragen.
        Neuaufgestellte Gendarmerieposten legen ab Errichtungstag eine
Chronik an,wobei die Daten über die Errichtung und Bequartierung im
Abschnitt I der Chronik festzuhalten sind.
        Personelle Veränderungen ( Abschnitte II bis IV der Chronik )
sind gleichfalls nachzutragen und auf dem Laufenden zu halten.Für die
Ergänzungen auf den Blattseiten „ Gendarmerieinspektoren - Gendarmerie-
zentraldirektoren " und „ Landesgendarmeriekommandanten " liegt eine
Zusammenstellung bei,nach der die Eintragungen vorzunehmen sind.
        Die Nachtragungen und Ergänzungen in den Chroniken haben bis
15.April 1946 durchgeführt zu sein.
        Die Beschaffung noch fehlender Chroniken ist im Zuge.
1 Beilage.
                                  Der Landesgendarmeriekommandant:

                                              S c h m i d ,
Für die richtige Ausfertigung:                O b e r s t .


        Rev.Insp.
```

Abb. 2: Befehl des LGK für Vorarlberg, Führung der Chroniken.

7. QUELLENGRUNDLAGEN 1955–2005

7.1 KANZLEIVORSCHRIFT FÜR DIE ÖSTERREICHISCHE BUNDESGENDARMERIE 1956

7.1.1 A. Allgemeine Vorschriften

In der Kanzleivorschrift für die österreichische Bundesgendarmerie aus dem Jahr 1956 wird unter dem Bereich „A. Allgemeine Vorschriften", § 53 – *Die Chronik* – festgehalten: [90]

(1) Bei jeder Gendarmeriedienststelle ist eine Chronik in Buchform zu führen.

(2) Diese Chronik ist unterteilt und enthält
   a) Daten über die Errichtung und Unterbringung der Dienststelle;
   b) Die Verzeichnung der Vorgesetzten;
   c) Die Verzeichnung der bei der Dienststelle eingeteilten Beamten;
   d) Wichtige Begebenheiten.

(3) Der Abschnitt d) hat mit einer kurzen Geschichte des Dienstortes zu beginnen. Anschließend sind die Gründe anzuführen, die für die Errichtung der Dienststelle bestimmend waren.

(4) Dann sind Ereignisse einzutragen, die den Leser über die Tätigkeit der Beamten der Dienststelle unterrichten können. Z. B. sind aufzunehmen: Größere Kriminalfälle, Unglücksfälle, Naturkatastrophen, ausgesprochene Missernten, Brände, besondere Feierlichkeiten, offizielle Besuche höchster Persönlichkeiten, Auszeichnungen verdienter Privatpersonen, Todesfälle von solchen, Epidemien, Errichtung von Industrieanlagen, Erschließung von Bodenschätzen, prähistorische Funde; hervor-ragende Leistungen von Gendarmeriebeamten, Hilfeleistungen, Auszeichnungen, Belobungen und Belohnungen, Waffengebräuche, Konzentrierungen, Änderungen in der Uniformierung und Bewaffnung, Änderung der Dienstgrade oder Dienststellung, Ausgabe neuer Vorschriften.

---

90 Kanzleiordnung für die österreichische Bundesgendarmerie. Erlass des Bundesministeriums für Inneres, Generaldirektion für die öffentliche Sicherheit, Zahl 222.025-5/56 vom 16. Oktober 1956, S. 47. Der unter Punkt 5 angeführte § 38 der Kanzleiordnung regelt die Ausscheidung und Vernichtung von Akten.

(5) Nach Möglichkeit sind den Eintragungen Lichtbilder, Skizzen, Zeitungsausschnitte, Programme, Flugschriften und dgl. beizulegen. Beilagen zur Chronik werden nicht ausgeschieden (§ 38).

(6) Die Eintragungen sind auf eine rein sachliche Darstellung der Ereignisse ohne Stellungnahme zu beschränken.

7.1.2 B. Besondere Vorschriften für die Gendarmerieposten- und Bezirksgendarmeriekommanden

In der gegenständlichen Kanzleivorschrift für die österreichische Bundesgendarmerie wird unter dem Bereich „*B. Besondere Vorschriften für die Gendarmerieposten- und Bezirksgendarmeriekommanden*", § 59 – Dienstbücher, Vormerke und Nachweise (*Muster 40*) – festgehalten:[91]

(1) Jeder Gendarmerieposten und jedes Bezirksgendarmeriekommando haben zu führen:
1. Eingangsbuch und Index (§§ 50 und 51);
2. Eingangsbuch für geheime Dienststücke (§ 50, abs. 18);
3. Stationsdienstbuch (§ 60) und als Beilagen dazu
   a) Skizze des Überwachungsgebietes (§ 61);
   b) Patrouillenverzeichnis (§ 62);
   c) Übersicht über die erzielten wesentlichen Diensterfolge und geleisteten besonderen Dienste (§ 55);
   d) Blöcke und Verzeichnis über zugewiesene und ausgegebene Hausdurchsuchungs- und Bestätigungsblöcke (§§ 59, 61 und 62 GDI);
   e) Verzeichnis über zugewiesene und ausgegebene Organmandatsblöcke und Ermächtigungsurkunden.
4. Jahresunterrichtsprogramm;
5. Vormerkung über Erkrankungen (§ 45);
6. Nachweisung über gestundete Postbeförderungsgebühren und Zustellbuch (§ 56);
7. Vormerkung über Ferngespräche (§ 25);
8. Visitierungsbuch (§ 54);
9. Chronik (§ 53)
10. Fahndungsverzeichnisse;

---

91 Ebd, S. 51 f. Die aufgelisteten Dienstbücher, Vormerke und Nachweise werden in der Kanzleiordnung detailliert dargestellt.

11. Strafnachrichtenblätter (§ 17 Strafvormerkvorschrift);
12. Strafkartensammlung (nur Gendarmerieposten);
13. Dienststellenverzeichnis;
14. Spezialkarte des Dienstbereiches;
15. Aufzeichnungen über die Dienst- und Lehrbehelfe sowie Inventargegenstände (§§ 34 und 57);
16. Vormerkungen nach Sondervorschriften (Alpin-, Diensthunde-, Fahndungs-, Kraftfahrzeug-, Lichtbild-, Massavorschrift, Funkordnung, Fernschreiber-Betriebsvorschrift usw.);
17. Vormerkung über Bedienerin;
18. Nachweis über den Verlag an Reisevorschüssen.

(2) Bei den Bezirksgendarmeriekommanden sind außerdem ein Kommandierungs-verzeichnis, eine einfache Vormerkung über Beurlaubungen und Erkrankungen und die Hängekartei nach § 52 zu führen.

(3) Die Dienstbücher und sonstigen Kanzleibehelfe werden den Dienststellen von Amts wegen (§ 5) beigestellt.

7.1.3 C. Besondere Vorschriften für die Gendarmerieabteilungskommanden

Im Abschnitt „C. Besondere Vorschriften für die Gendarmerieabteilungskommanden", § 68 – Bücher und Vormerke – der gegenständlichen Kanzleivorschrift für die österreichische Bundesgendarmerie wird festgehalten:[92]

(1) Bei den Abteilungskommanden sind zu führen:
 a) Eingangsbuch samt Index;
 b) Eingangsbuch für geheime Dienststücke;
 c) Kleine Personalakten;
 d) Nachweisung über gestundete Postbeförderungsgebühren und Zustellbuch;
 e) Hängekartei nach § 52;
 f) Visitierungsbuch;
 g) Chronik;
 h) Aufzeichnungen über die Dienst- und Lehrbehelfe sowie Inventargegenstände (§§ 34 und 57);
 i) Belehrende Befehle des Abteilungskommandos;
 j) Vormerkung über Beleidigungen, Widersetzlichkeiten und Anzeigen gegen Gendarmeriebeamte;

---

92 Ebd., S. 61 f.

k) Alarmmappe;
l) Dienststellenverzeichnis;
m) Unterrichtsprogramm;
n) Vormerkung zur Qualifikationsbeschreibung;
o) Spezialkarten;
p) Mappe „Postenvisitierung";
q) Urlaubsvormerkung;
r) Vormerkung über Ferngespräche.

7.1.4 D. Besondere Vorschriften für die Landesgendarmeriekommanden

Im Abschnitt „D. Besondere Vorschriften für die Landesgendarmeriekommanden", § 75 – *Bücher und Vormerke* – der gegenständlichen Kanzleivorschrift für die österreichische Bundesgendarmerie aus dem Jahr 1956 wird festgehalten:[93]

(1) Vom Adjutanten[94] sind zu führen:
1. Das Eingangsbuch mit Index;
2. Das Eingangsbuch für geheime Dienststücke mit Index;
3. Die Personalakten der leitenden Beamten;
4. Die Personalakten der dienstführenden und eingeteilten Beamten;
5. Das Verzeichnis über belehrende Befehle;
6. Der Standesveränderungsausweis;
7. Die Personalkartei;
8. Die Dienststellenkartei;
9. Die Einteilungsliste;
10. Die Vormerkung über Beamte mit Spezialausbildung (§ 52, Abs. 6), (kann mit der Personal- und Dienststellenkartei durch besondere Kennzeichnung der Karten verbunden werden);
11. Die Vormerkung über Sonder- und Auslandsurlaube;
12. Die Vormerkung über Dienstausweise;
13. Das Personalstandesverzeichnis;
14. Die Chronik;

---

93 Ebd., S. 64 f. Der unter Abs. 3 angeführte Behelf Nr. 14 betrifft die Führung der Chronik.
94 Ebd., S. 63. Die Aufgaben des Adjutanten werden im § 73 der Kanzleiordnung definiert. Gemäß Abs. 3 ist der Adjutant dem Landesgendarmeriekommandanten für den gesamten Kanzlei- und Dienstbetrieb beim Landesgendarmeriekommando verantwortlich, soweit nicht andere leitende Beamte dafür einstehen müssen.

15. Das Visitierungsbuch;
16. Die Vormerkung über Postenvisitierungen;
17. Die Vormerkung über gerichtliche, Verwaltungs-, Disziplinar- und Ordnungsstrafen;
18. Bestandsverzeichnisse;
19. Nachweisung über gestundete Postbeförderungsgebühren und Zustellbuch;
20. Das Ortszustellbuch;
21. Die Vormerkung über befristete Eingaben;
22. Karten des Landes;
23. Dienststellenverzeichnisse;
24. Die Liste der den einzelnen Gendarmerieposten zur Überwachung zugewiesenen Gemeinden;
25. Die Alarmmappe;
26. Das Erlassverzeichnis;
27. Lehrpläne für die beim Landesgendarmeriekommando eingerichteten Kurse;
28. Jahresunterrichtsprogramm.

(2) Anstelle von Büchern und Vormerken können auch Karteien geführt werden. Die Führung von weiteren Protokollen und Vormerken durch den Wirtschaftsreferenten, den Alpinreferenten und die Kommandanten der Ergänzungs-, Verkehrs-, Erhebungs-, Technischen und Waffenabteilung wird durch Sondervorschriften und Verfügungen des Landesgendarmeriekommandos geregelt.

(3) Die unter 2, 3, 14, 16, 25, 27 und 28 angeführten Behelfe können auch vom Stellvertreter oder einem anderen leitenden Beamten (Gendarmerieoffizier) des Stabes geführt und verwahrt werden.

7.2 ERLASS DES BUNDESMINISTERIUMS FÜR INNERES 1961

Die im Erlass des Bundeskanzleramtes vom 10. Mai 1927, Nr. 139.088-10/1926, ausgeführten Darstellungen im Abschnitt „Wichtige Begebenheiten"
– Kurze Entstehungsgeschichte der Postenstation und des Postens
– Fortlaufende Eintragungen:
  Besondere Vorkommnisse (Ereignisse) mit Berücksichtigung hervorragender Daten der Gendarmerie oder einzelner Gendarmeriebeamten;

Konzentrierungen unter Anführung der Zahl der Beamten, Waffengebräuche, schwere Verletzungen im Dienst, besondere Ereignisse, größere Elementarereignisse, Unglücksfälle etc.
- Interne Angelegenheiten der Gendarmerie
- Richtlinien für die Bezirks-, Abteilungs- und Landesgendarmeriekommanden
- Allgemeine Anordnungen im Zusammenhang mit der Führung von Chroniken wurden im Jahr 1961 per Erlass des Bundesministeriums für Inneres wie folgt ergänzt: „Aus gegebener Veranlassung wird eröffnet, dass die gemäß § 53 der Kanzleivorschrift für die österreichische Bundesgendarmerie vorgesehene Chronik beim Landesgendarmerie-kommando im Sinne des § 75 Abs. 1 Ziff. 14 KV, nur von der Adjutantur zu führen ist. Die dem Stabe der Landesgendarmeriekommanden angehörigen Abteilungen, wie Erhebungs-, Ergänzungs-, Verkehrs-, Technische Abteilung usw., haben keine Chronik zu führen, sondern nur entsprechende Beiträge hierfür zu liefern."[95]

7.3 KANZLEIVORSCHRIFT FÜR DIE ÖSTERREICHISCHE BUNDESGENDARMERIE 1980

Mit Erlass des Bundesministeriums für Inneres vom 5. August 1980 trat die Kanzleiordnung (KO) für die Bundesgendarmerie in Kraft. In Bezug auf den Bereich „Chroniken" sind folgende Bereiche von Bedeutung: Erlass des BMI vom 5. August 1980, Zl. 5.671/13-II/4/80. Im Punkt 6 der KO unter dem Titel „Ausscheidung von Akten, Dienstbüchern und Formblättern" wird im § 35, Abs. 2, ausgeführt: „Geschäftsstücke, die geschichtlichen Wert besitzen, sind nach der erfolgten Ausscheidung dem Landesgendarmeriekommando vorzulegen, das über die Ver-wahrung im Archiv oder über ein Angebot an das Österreichische Staatsarchiv zu entscheiden hat."[96] Im § 35, Abs. 3, der KO werden jene Akten, Dienstbücher und Formblätter definiert, die nicht auszuscheiden sind:

a) Geschäftsstücke von grundlegender Bedeutung oder solche, die die Grundlage für bestehende Rechtsverhältnisse irgendwelcher Art bilden;

---

95 Erlass „Führung beim LGK" vom 13. Jänner 1961, Z. 280.423-5 A/61. In: KEPLER, Leopold/ SANDHOFER, Walter (Hg.): Alphabetisches Erlassverzeichnis der österreichischen Bundesgendarmerie. 1. Lieferung, 15. VII. 1963, Wien 1970, Blatt 66–67.
96 Erlass des Bundesministeriums für Inneres vom 5. August 1980, Zahl 5.671/13-II/4/80, S. 24 (GDV-GÖV 14 – 8.8.1980).

b) Chroniken und beifügte Geschäftsstücke;
c) Visitierungsbücher;
d) Amtliche Verlautbarungen für die Bundesgendarmerie, sofern nicht eine gegenteilige Weisung des Gendarmeriezentralkommandos ergeht."[97]

7.4 ERLASS DES BUNDESMINISTERIUMS FÜR INNERES 1982

Im Erlass des Bundesministeriums für Inneres aus dem Jahr 1982 unter dem Titel „Chroniken der Gendarmerieposten; Einsichtnahme durch Privatpersonen bzw. Erteilung von Auskünften" wird die Vorgangsweise im Zusammenhang mit der Einsichtnahme in Gendarmerie-Chroniken bzw. mit der Erteilung von Auskünften aus den Chroniken wie folgt festgelegt: „Aus gegebenem Anlass wird eröffnet, dass das in den Chroniken der Dienststellen enthaltene Informationsmaterial nur öffentlichen Einrichtungen wie Universitätsinstituten, dem Dokumentationsarchiv des Österreichischen Widerstandes oder anderen Institutionen zwecks wissenschaftlicher Auswertung zur Verfügung gestellt wird."[98]

7.5 ERLASS DES BUNDESMINISTERIUMS FÜR INNERES 1994

Im Erlass des Bundesministeriums für Inneres aus dem Jahr 1994 unter dem Titel „Gendarmeriechronik; Einsichtnahme bzw. Auskünfte" werden die Vorgangsweisen im Zusammenhang mit der Einsichtnahme in Gendarmerie-Chroniken bzw. mit Erteilung von Auskünften aus den Chroniken festgelegt: „Aus gegebenem Anlass wird folgendes festgestellt: Die Tradition der Chronik geht auf das Jahr 1914 zurück. Sie bildete bisher immer einen Bestandteil der Weisungen im Zusammenhang mit den jeweils geltenden kanzleimäßigen Vorschriften. Die Dienststellen und Kommanden sind daher nicht als für die Öffentlichkeit allgemein zugängliche Dokumentationsarchive zu sehen, auf die jederzeit und nahezu uneingeschränkt von jedermann zurückgegriffen werden kann. Die Unterlagen in den Chroniken sind grundsätzlich von der Amtsverschwiegenheit und dem Datenschutz umfasst.

---

97 Ebd., S. 25.
98 Erlass des Bundesministeriums für Inneres – Chroniken der Gendarmerieposten; Einsichtnahme durch Privatpersonen bzw. Erteilung von Auskünften, vom 21. Jänner 1982, Zahl: 8.100/19-II/82 (GES – 27.05.1982).

Einsichtnahme:

Eine solche kann daher grundsätzlich nur öffentlichen Einrichtungen, wie Universitätsinstituten, dem Dokumentationsarchiv des österreichischen Widerstandes oder anderen Institutionen auf Ebene eines Universitätsinstitutes für die wissenschaftliche Auswertung im Zusammenhang mit zeitgeschichtlicher Forschung gewährt werden. Eine solche Einsichtnahme bedarf der Zustimmung der Dienstbehörde. In Zweifelsfällen ist die Einwilligung des Gendarmeriezentralkommandos einzuholen. Sofern ein Auftrag an eine Privatperson von Seiten der Gendarmerie ergeht – so z. B. zum Erstellen einer Festschrift für ein internes Jubiläum – ist die Genehmigung durch die Dienstbehörde sicherzustellen. Eine Einsichtnahme durch Gendarmeriebeamte zum Zweck der Publikation bedarf gleichfalls der Genehmigung der Dienstbehörde und ist unter dem Aspekt der Wahrung der Amtsverschwiegenheit und des Datenschutzes zu beurteilen. Der Vollständigkeit halber wird erwähnt, dass keine Institution, Privatperson oder Gendarmeriebeamter einen Rechtsanspruch auf Einsicht hat.

Auskunft:

Als Rechtsgrundlage für eine Auskunftserteilung sind nach ho Auffassung die Bestimmungen des Auskunftspflichtgesetzes, APG 1987 idgF, anzuwenden. Angelegenheiten sicherheitsdienstlicher Natur fallen jedenfalls unter die restriktiven Bestimmungen der Amtsverschwiegenheit bzw. des Datenschutzes. Auskünfte können – sofern sie Personen betreffen – nur in anonymisierter Form erteilt werden. Gegenstand einer Auskunft kann nur gesichertes Wissen sein. Ergänzende Recherchen, z. B. Einsichtnahme in noch vorhandene ‚Entwürfe' von Gerichtsanzeigen oder ergänzende Erkundigungen bei Gericht, sind nicht erforderlich. Schon die Verwendung des Begriffes ‚Auskunft' bedingt, dass die Verwaltung damit nicht zu umfangreichen Ausarbeitungen verhalten ist. Die Auskunftserteilung nimmt somit gegenüber den übrigen Aufgaben der Verwaltung Nachrang ein, was bedeutet, dass Auskunftsbegehen konkrete, in der vorgesehenen kurzen Frist ohne Beeinträchtigung der übrigen Verwaltungsabläufe beantwortbare Fragen enthalten müssen. Auskunftswerbern wurde bisher empfohlen, eine Liste mit konkreten Fragen zu erstellen und bei der Dienstbehörde einzubringen. Eine Auskunftserteilung hat durch die Dienstbehörde zu erfolgen. In Zweifelsfällen ist die Zustimmung des Gendarmeriezentralkommandos einzuholen."[99]

---

[99] Erlass des Bundesministeriums für Inneres – Gendarmeriechronik; Einsichtnahme bzw. Auskünfte, vom 14. Februar 1994, Zahl: 2106/17-II/4/93 (GES 91a – 31.01.2002).

7.6 SICHERHEITSPOLIZEIGESETZ – SPG-NOVELLE 2005

Der 1. Juli 2005 war ein wichtiges Datum für die österreichische Sicherheitsexekutive. Gemäß Beschluss des Nationalrates vom 9. Dezember 2004 nahm am 1. Juli 2005 der Wachkörper „Bundespolizei" seinen Dienst auf. Am 30. Dezember 2004 war nach eingehender parlamentarischer Beratung mit Expertenhearings unter BGBl. I 2004/151 die SPG-Novelle 2005 kundgemacht worden (Bundesgesetz, mit dem das Sicherheitspolizeigesetz, das Grenzkontrollgesetz, das Bundesgesetz über die Führung der Bundesgendarmerie im Bereich der Länder und die Verfügung über die Wachkörper der Bundespolizei und der Bundesgendarmerie und das Beamten-Dienstrechtsgesetz geändert werden). Die Novelle enthält unter anderem die organisatorischen Regelungen zur Zusammenführung der Wachkörper im Bundesministerium für Inneres.[100]

7.7 ERLASS DES BUNDESMINISTERIUMS FÜR INNERES 2005

Mit Erlass des Bundesministeriums für Inneres vom 2. Dezember 2005 wurde die verpflichtete Führung einer Dienststellenchronik aufgehoben.[101]

Unter Punkt 10 („Aktenausscheidung"), Unterpunkt 10.0.0.3, wird diesbezüglich ausgeführt: „Geschäftsstücke, die historischen Wert beanspruchen, sind von der Dienststelle nach erfolgter Ausscheidung dem Landespolizeikommando vorzulegen, das nach den gesetzlichen Bestimmungen (Bundesarchivgesetz, BGBl. Nr. 162/1999) über ein Angebot an das Bundesarchiv zu entscheiden hat."[102]

Nicht auszuscheiden sind (Punkt 11 der Kanzleiordnung):[103]
a) Geschäftsstücke von grundsätzlicher Bedeutung oder solche,
b) die eine Grundlage für bestehende Rechtsverhältnisse bilden,
c) **Chroniken und beigefügte Geschäftsstücke**,
d) Visitierungs- und Revisionsbefunde.

---

100 Vgl. BGBl. 151/2004, Jahrgang 2004, ausgegeben am 30. Dezember 2004: SPG-Novelle 2005 (wie Anm. 9).
101 Vgl. Erlass des Bundesministeriums für Inneres, GZ BMI-OA1100/0099-II/1/b/2005, vom 2. Dezember 2005, Kanzleiordnung für die Landespolizeikommanden, ausgenommen Wien, und ihre nachgeordneten Dienststellen sowie das EKO Cobra.
102 Ebd., S. 29.
103 Ebd., S. 29.

In Ergänzung zum BMI-Erlass vom 2. Dezember 2005 wurde per Erlass des BMI vom 7. September 2006 festgehalten, dass es nunmehr den Dienststellenleitern unbenommen bleibt, in welcher Art und Weise sie die wesentlichen Ereignisse im Überwachungsbereich der jeweiligen Dienststellen evident halten.[104]

Diese Erlässe des BMI führten in den einzelnen Landespolizeidirektionen zu ganz unterschiedlichen Auslegungen:

7.7.1 LPD Steiermark

Die LPD Steiermark legte per Dienstanweisung fest: „Mit Erlass vom 2.12.2005, GZ. BMI-OA1100/0099-II/1/b/2005 wurde für den Wachkörper Bundespolizei (ausgenommen Wien) eine einheitliche Kanzleiordnung verlautbart und mit 1.1.2006 in Kraft gesetzt. Damit wurde die verpflichtende Führung einer Dienststellenchronik aufgehoben. Es bleibt nunmehr den Dienststellenleitern unbenommen, in welcher Art und Weise sie die wesentlichen *Ereignisse im Überwachungsgebiet der jeweiligen Dienststellen evident halten.*"[105]

7.7.2 LPD Niederösterreich

Eine ähnliche Herangehensweise bzw. Umsetzung des Erlasses erfolgte in der LPD Niederösterreich: „Mit Erlass vom 2.12.2005, GZ BMI-OA1100/0099-II/1/b/2005, wurde die verpflichtende Führung einer Dienststellenchronik aufgehoben. Es bleibt nunmehr den Dienststellenleitern unbenommen, in welcher Art und Weise sie die wesentlichen Ereignisse im Überwachungsbereich der jeweiligen Dienststellen evident halten. Nicht mehr geführte Chroniken sind dem Büro Öffentlichkeitsarbeit und interner Betrieb der Landespolizeidirektion zum Zwecke der Archivierung durch das Landesarchiv NÖ abzuführen. Ersuchen um Einsicht-nahme in Chroniken zwecks wissenschaftlicher Auswertung sind, was die auf den Dienststellen verwahrten Chroniken betrifft, im eigenen Bereich zu entscheiden und dem Büro

---

104 Vgl. Erlass des Bundesministeriums für Inneres, GZ: BMI-OA1100/0111-II/1/b/2006, vom 7. September 2006, Organisation; Ablauforganisation, Kanzleiordnung, Führen der Chronik.
105 Dienstanweisung der LPD Steiermark, GZ 2700/39190/06, Betreff: Kanzleiordnung; Führen der Chronik. Graz, 8. September 2006.

Öffentlichkeitarbeit und interner Betrieb der Landespolizeidirektion zu melden."[106]

7.7.3 LPD Burgenland

Aus dem diesbezüglichen LPD-Erlass der LPD Burgenland ergibt sich eine ganz andere Herangehensweise: „Jedes Bezirkspolizeikommando, das Stadtpolizeikommando Eisenstadt sowie jede Polizeiinspektion hat chronikale Aufzeichnungen zu führen, in der alle aufsehenerregenden Ereignisse des Überwachungsgebietes (Bezirkes) sowie personelle Veränderungen der Dienststelle festgehalten werden. Die Berichte können in einem Buch (wie vor der Zusammenlegung bei den Bezirksgendarmerie- bzw. Postenkommanden aufliegend) handschriftlich verfasst oder als „Vorfallenheitsberichte" im Sinne der Berichterstattung in einem Ordner abgelegt werden. Diese Aufzeichnungen bilden ein wertvolles Nachschlagewerk für wichtige Begebenheiten. Sie sind übersichtlich und gut lesbar zu gestalten. Die Berichte sind nach Möglichkeit durch Lichtbilder und Zeitungsausschnitte zu ergänzen. Die Einsichtnahme in diese Aufzeichnungen ist nur mit Zustimmung der Dienstbehörde zulässig."[107]

7.7.4 LPD Oberösterreich

Die LPD Oberösterreich legte per LPD-Befehl fest: „Erlass des BMI vom 7. September 2006, GZ BMI-OA1100/0111-II/1/b/2006: Mit Erlass vom 2.12.2005, GZ. BMI-OA1100/0099-II/1/b/2005 wurde für den Wachkörper Bundespolizei (ausgenommen Wien) eine einheitliche Kanzleiordnung verlautbart und mit 1.1.2006 in Kraft gesetzt. Damit wurde die verpflichtete Führung einer Dienststellenchronik aufgehoben. Es bleibt nunmehr den Dienststellenleitern unbenommen, in welcher Art und Weise sie die wesentlichen Ereignisse im Überwachungsbereich der jeweiligen Dienststellen evident halten.
Zusatz des Landespolizeikommandos:

---

106 Dienstanweisung der LPD Niederösterreich, GZ: P4/6676/2013, Betreff: Dienststellenchronik Führen bzw. Einsichtnahme. St. Pölten, 24. Mai 2013.
107 LPD-Erlass der LPD Burgenland, GZ: P4/25945/2012, Betreff: Führung chronikaler Aufzeichnungen bei Bezirkspolizeikommanden, Stadtpolizeikommanden und Polizeiinspektionen. Eisenstadt, 12. November 2012.

Aus dem letzten Absatz ergibt sich, dass wesentliche Ereignisse im Überwachungsbereich, die einen polizeilichen Bezug haben, zwar evident zu halten sind, allerdings die Form den Dienststellenleitern überlassen wird. Dabei sollte berücksichtigt werden, dass die Einsicht in diese Daten im Sinne des noch bestehenden einschlägigen Erlasses möglichst einfach gehandhabt werden kann. Dieser Befehl ist in der Vorschriftenablage abzulegen und wird elektronisch auf dem Laufwerk LPK_ O_ Befehle eingeordnet. Er gilt bis zu einer anders lautenden Regelung. Auf den Erlass vom 14.2.1994, Zl. 2106/17-II/4/93, (GES) wird hingewiesen."[108]

7.7.5 LPD Kärnten

Die LPD Kärnten legte per LPD-Befehl fest: „Mit Erlass vom 08.09.2006, Zl. BMI-OA 1100/0111-II/1/b-2006, hat das BMI, betreffend der Thematik ‚Chronik', folgendes verlautbart:

Mit Erlass vom 2.12.2005, GZ BMI-OA 1100/0111-II/1/b-2006, wurde für den Wachkörper Bundespolizei (ausgenommen Wien) eine einheitliche Kanzleiordnung verlautbart und mit 1.1.2006 in Kraft gesetzt. Damit wurde die verpflichtende Führung einer Dienststellenchronik aufgehoben. Es bleibt nunmehr den Dienststellenleitern unbenommen, in welcher Art und Weise sie die wesentlichen Ereignisse im Überwachungsgebiet der jeweiligen Dienststellen evident halten. Ergänzend dazu wird vom Landespolizeikommando angeordnet, dass es den Bezirks- und Stadtpolizeikommanden freigestellt wird, in ihrem Zuständigkeitsbereich eine einheitliche Regelung zu treffen."[109]

In einem LPD-Befehl vom 8. Jänner 2008 legte die LPD Kärnten fest, unter welchen Voraussetzungen eine Einsichtnahme bzw. Auskünfte aus den Gendarmerie-Chroniken zu erfolgen hat.[110]

---

108 LPD-Befehl der LPD Oberösterreich, GZ: 2700/36386-STA/06-2006, Betreff: Kanzleiordnung – Führen der Chronik. Linz, 21. September 2006.
109 LPD-Befehl der LPD Kärnten, GZ: 2700/28970-StA/06-2006, Betreff: Organisation; Ablauforganisation, Kanzleiordnung – Führen der Chronik. Klagenfurt, 21. September 2006.
110 Vgl. LPD-Befehl der LPD Kärnten, GZ: 2700/33922-StA/07, vom 8. Jänner 2008, Betreff: Chronik – Einsichtnahme bzw. Auskünfte. Klagenfurt, 8. Jänner 2008.

8. GENDARMERIE-CHRONIKEN – BESONDERER TEIL 1850–2005

8.1 ALLGEMEINES

Die Chroniken der Gendarmerie wurden zwischen den Jahren 1914 und 2005 von den unterschiedlichen Organisationseinheiten innerhalb der Gendarmerie (LGK, GAK, BPK, Postenkommandos) geführt; einzelne Chroniken wurden auch über das Datum der Wachkörperzusammenlegung im Jahr 2005 hinaus (bis heute) weitergeführt.

Die Aufstellung der Chroniken im besonderen Teil umfasst alle Chroniken, die aktuell (Stand: 2024) noch existent sind. Aufgrund der langen Zeitperiode, der Auflassung verschiedener Dienststellen (Posten) und organisatorischer Strukturmaßnahmen (z. B. Auflassung der GAK) sind verschiedene Chroniken nicht mehr existent und können deshalb hier auch nicht entsprechend aufgeschlüsselt werden.

Zur besseren Übersichtlichkeit wurden die Chroniken für den Bereich der Zentralstelle und jeder einzelnen Landespolizeidirektion gesondert aufgeschlüsselt; innerhalb der jeweiligen Dienstbehörde soll damit ein besserer Überblick über die vorhandenen Chroniken gewährleistet werden.

Die Detailaufschlüsselungen werden durch Auflistung von Beilagen und die entsprechenden Daten der Ansprechorganisationen ergänzt.

8.2 BUNDESMINISTERIUM FÜR INNERES – ZENTRALSTELLE

8.2.1 Chronik des Gendarmerie-Beschaffungsamtes

Die Chronik des *Gendarmeriebeschaffungsfonds*,
- ab 1. Juni 1957 „Bundesministerium für Inneres, Generaldirektion für die Öffentliche Sicherheit, Gendarmeriezentralkommando, Abteilung 5 C",
- ab 1. Jänner 1963 *Gendarmeriebeschaffungsamt*,

ist wie folgt untergliedert:

		INHALTSVERZEICHNIS	Seite
		Vorwort	
I.	Abschnitt	Übergang von der k. k. Gendarmerie zur deutschösterr. Gendarmerie	
II.	Abschnitt	Die Gendarmeriebekleidung 1849–1955	
III.	Abschnitt	Die Bekleidungsvorschriften 1919–1938 und 1945–1955	
IV.	Abschnitt	Die deutsche Zeit 1938–1945	32–35
V.	Abschnitt	Der Wiederaufbau des Gendarmeriebekleidungsamtes von 1945–1955	
		A. Allgemeiner Überblick	36–40
		B. Einzelereignisse	41–46
VI.	Abschnitt	Dienstvorschrift und Organisation des Gendarmeriebeschaffungsamtes	47–51
VII.	Abschnitt	Laufende Führung ab 1.1.1956	
		1956	52–53
		1957	54–57
		1958	58–59
		1959	60–61
		1960	62–66
		1961	67–71
		1962	72–82
		1963	83–102
		1964	103–109
		1965	110–120
		1966	121–131
		1967	132–137
		1968	138–147
		1969	147
		1970	147–148
		1971	148–151

Tab. 6: Chronik des Gendarmerie-Beschaffungsamtes –Inhaltsverzeichnis (eigene Darstellung).

	ANHANG
Anhang A	Leiter des Gendarmeriebekleidungsamtes (Gendarmeriebeschaffungsamtes)
Anhang B	Verzeichnis der Gendarmeriebeamten
Anhang C	Verzeichnis der Vertragsbediensteten des Entlohnungsschemas I
Anhang D	Verzeichnis der Vertragsbediensteten des Entlohnungsschemas II
Anhang E	Beförderungen – Gendarmeriebeamte
Anhang F	Belobungen – Gendarmeriebeamte
Anhang G	Belobungen – Vertragsbediensteten des Entlohnungsschemas I
Anhang H	Belobungen – Vertragsbediensteten des Entlohnungsschemas II
Anhang J	Verleihung von Abzeichen verschiedener Art (Kraftfahrerabzeichen u. a.)
Anhang K	Absolvierung von Gendarmeriekursen
Anhang L	Kommandierungen – Gendarmeriebeamte
Anhang M	Kommandierungen – Vertragsbediensteten des Entlohnungsschemas I
Anhang N	Kommandierungen – Vertragsbediensteten des Entlohnungsschemas II
Anhang B/1	Verzeichnis der Beamten des Verwaltungshilfsdienstes
Anhang B/2	Verzeichnis der Beamten des handwerklichen (Hilfs)Dienstes

Tab. 7: Chronik des Gendarmerie-Beschaffungsamtes – Anhang (eigene Darstellung).
Anmerkung: Die Chronik-Daten des Gendarmeriebeschaffungsfonds werden durch sogenannte „Bekleidungserlässe" ergänzt.
Ansprechpartner: Fachzirkel „Exekutivgeschichte und Traditionspflege" im Bundesministerium für Inneres, Abteilung III/S/3 (Historische Angelegenheiten), 1010 Wien, Herrengasse 7.

8.3 LGK VORARLBERG

8.3.1 Allgemein

Für Vorarlberg und Tirol wurde am 1. Mai 1850 das Gendarmerie-Regiment Nr. 13 in Innsbruck errichtet und für Vorarlberg in Feldkirch unter Rittmeister Lammer der II. Flügel stationiert. Diese Einheit gliederte sich in Zugs-, Sektions- und Postenkommandos. Die Städte Bregenz, Feldkirch und Bludenz erhielten je ein Sektionskommando (inklusive einer Korporalschaft) mit je einem Wachtmeister als Kommandanten, in elf weiteren Gemeinden wurden Gendarmerieposten (teilweise mit einem Korporal an der Spitze) errichtet;[111] die Korporalschaften (mit fünf bis acht Gendarmen) wurden in den

---

111 Vgl. PERFLER, Arnold: Landesgendarmeriekommando für Vorarlberg. In: HÖRMANN,

Ortschaften Schruns, Rankweil und Bezau etabliert, für die Orte Klösterle, Nenzing, Hohenems, Höchst, Langen bei Bregenz, Hittisau und Riefensberg (sowie später Koblach) waren einfache Gendarmerieposten (mit jeweils drei bis vier Mann) vorgesehen. Die Posten nahmen sukzessiv vom Mai bis Juli 1850 ihren Dienst auf.[112]

Mit der Umwandlung der Flügel und Züge in Abteilungskommanden (GAK) erhielt Vorarlberg im Jahr 1872 ein GAK in Feldkirch. Diesem GAK waren bis 1894 neben den Bezirksposten Bludenz, Bregenz und Feldkirch auch die Bezirksposten Landeck, Imst und Reutte mit ihren GP unterstellt (das GAK Feldkirch wurde kurze Zeit später von Feldkirch nach Bregenz verlegt).[113]

Im Jahr 1899 sah die Struktur der Gendarmeriedienststellen in Vorarlberg wie folgt aus:
Unter dem GAK Bregenz Nr. 5 des LGK Tirol-Vorarlberg bestanden die
– Bezirksposten Bludenz (mit den GP Blons, Gaschurn, Klösterle, Nenzing und Schruns),
– Bezirksposten Bregenz (mit den GP Au, Bezau, Egg, Hard, Hittisau, Hörbranz, Langen, Riezlern und Schwarzau) und
– Bezirksposten Feldkirch (mit den GP Dornbirn, Höchst, Hohenems, Lustenau und Rankweil).

Diese Kommandostruktur (das GAK Bregenz erhielt mit Wirkung vom 1. 9. 1907 die Nr. 7) wurde bis zum Jahr 1920 beibehalten.[114]

Das eigenständige LGK Vorarlberg (zuvor das „LGK für Tirol und Vorarlberg" mit Sitz in Innsbruck) wurde mit Erlass des Staatsamtes für Inneres, Zahl 3207, vom 31. Jänner 1920, mit Wirksamkeit vom 1. März 1920 mit Sitz in Bregenz eingerichtet, welches seine Diensttätigkeit mit 1.5.1920 im vollen Umfange aufgenommen hat.[115]

Fritz/HESZTERA, Gerald: Zwischen Gefahr und Berufung. Gendarmerie in Österreich. Salzburg 1999, S. 496-497, hier S. 496..

112 Vgl. Exekutiv-Historischer-Verein Vorarlberg (Hg.): Festschrift 100 Jahre Polizeikommando Vorarlberg. Gendarmeriegeschichte. Von der Gründungsphase bis zum Ersten Weltkrieg. Bregenz 2020, S. 10–15, hier S. 13.

113 Vgl. HESZTERA, Franz: Die Kommandostrukturen der Gendarmerie von 1850 bis 1993 (wie Anm. 22), S. 144.

114 Ebd., S. 144.

115 Vgl. AV-GZD, Nr. 10, Jahrgang 1920, Rubrik: verschiedene Mitteilungen. Wien, 25. Mai 1920, S. 52. Weiters wird in der gegenständlichen Verlautbarung unter derselben Rub-

Das LGK Vorarlberg weist in der Standesübersicht vom 30. Juni 1920 insgesamt 1 Gendarmerie-Abteilungskommando, 3 Gendarmerie-Bezirkskommandos und 48 Gendarmerieposten aus.[116]

Am 1. Juli 1920 wurde in Feldkirch zusätzlich ein Gendarmerieabteilungskommando errichtet.[117]

Im Stellenplan der österreichischen Bundesgendarmerie für das Jahr 1922 werden für das LGK Vorarlberg folgende organisatorische Daten ausgewiesen:[118]
– Anzahl der GAK: 2
– Anzahl der BGK: 3
– Anzahl der GPK: 55 (davon große oder wichtige GPK: 46)

Nach dem Anschluss Österreichs im Jahr 1938 wurde die Vorarlberger Gendarmerie dem Kommandeur der Gendarmerie bei dem Reichstatthalter für Tirol und Vorarlberg in Innsbruck unterstellt. Für Vorarlberg war eine Gendarmerie-Hauptmannschaft mit dem Sitz in Bregenz zuständig.[119]

Mit Erlass des Bundesministeriums für Inneres vom 1.10.1957, Zahl 229.651-5A/57, kam es zur Wiedererrichtung der GAK; mit Wirkung vom 1.11.1957 (Dienstaufnahme am 2.12.1957) wurde die Errichtung von 2 GAK in Vorarlberg verfügt: GAK Bregenz und GAK Feldkirch. Dem GAK Bregenz unterstand wieder das BGK Bregenz, dem GAK Feldkirch die BGK Bludenz und Feldkirch. Eine Änderung ergab sich durch die Errichtung der BH Dornbirn am 1.1.1969; damit wurde ein neues BGK Dornbirn mit den GP Dornbirn, Lustenau und Hohenems errichtet.[120]

---

rik ausgeführt: Errichtung neuer Dienststellen - im Bereich des LGK Bregenz: *Vorkloster*, Stadtgemeinde Bregenz, und *Mellau*, beide im politischen Bezirk Bregenz.

116 Vgl. Standesübersicht des LGK Vorarlberg, Zahl 159/1920, vom 30. Juni 1920.
117 Vgl. AV-GZD, Nr. 15, Jahrgang 1920, Rubrik: verschiedene Mitteilungen, Wien, 20. Juli 1920, S. 76.
118 Vgl. AV-GZD. Stellenplan der österreichischen Bundesgendarmerie (ausschließlich des provisorischen Landesgendarmeriekommandos für das Burgenland) für das Jahr 1922, zu Nr. 43091/1922, Beilage 1, graphische Darstellung. In den Anmerkungen zum Stellenplan, Anlage zu Beilage 1, S. 6, findet sich eine Detailaufstellung der Gendarmerieposten und Organisationseinheiten der LPD Vorarlberg.
119 Vgl. PERFLER, Arnold: Landesgendarmeriekommando für Vorarlberg (wie Anm. 111), S. 497.
120 Vgl. HESZTERA, Franz: Die Kommandostrukturen der Gendarmerie (wie Anm. 22), S. 148.

Zum Zeitpunkt der Wachkörperreform 2005 und dem damit verbundenen Verpflichtungsende zur Führung der Chroniken setzte sich die LPD Vorarlberg organisatorisch aus den 4 BGK und insgesamt 36 Posten (1922: 55) zusammen.[121]

8.3.2 Landesgendarmeriekommando (LGK)

Dienststellen	Bezeichnung	Jahre	Bd.	Lfd. Nr.
Bundesland Vorarlberg				
Landesgendarmeriekommando (LGK)				
LGK für Tirol und Vorarlberg	Band 1	1850–1945	1	1
LGK	Band 1	1920–1966	1	2
LGK	Band 2	1966–1988	2	3
LGK Stabsabteilung	Band 1	1946–1955	1	4
LGK Technische Abteilung	Band 1	1955–1958	1	5
LGK Verkehrsabteilung-Außenstelle Dornbirn	Band 1	1971–2004	1	6

Anmerkungen: Vom LGK sind drei Chroniken (eine für das LGK für Tirol und Vorarlberg, zwei für das LGK Vorarlberg) und weitere drei Chroniken von LGK-Fachabteilungen erhalten. Zudem ist ein Visitierungsprotokoll der Technischen Gendarmerieabteilung des LGK für Vorarlberg, Verkehrsgruppe 1955–1956, existent.

8.3.3 Bezirk Bludenz

Dienststellen	Bezeichnung	Jahre	Bd.	Lfd. Nr.
Bezirk Bludenz				
Blons-Sonntag	GP	1907–2004	1	7
Bludenz	GP	1850–1974	1	8
		1975–1995	2	9
		1996–2004	3	10
	Bahnhof	1920–1963	1	11
	Verkehrsposten	1964–1990	1	12

---

121 Vgl. Almanach der österreichischen Bundesgendarmerie 2003/04. Wien 2003, S. 325–333.

DIENSTSTELLEN	BEZEICHNUNG	JAHRE	BD.	LFD. NR.
Brand	GP	1926–1990	1	13
		1991–2004	2	14
Braz	GP	1940–1966	1	15
Dalaas	GP	1911–1982	1	16
Gaschurn	GP	1921–1966	1	17
		1967–1994	2	18
		1995–2003	3	19
Klösterle	GP	1874–2004	1	20
Lech		1911–2002	1	21
Lorüns - St. Anton - Vanders	GP	1918–1968	1	22
Nenzing	GP	1892–2001	1	23
Partenen	GP	1928–1964	1	24
Partenen	GP	1964–1967	2	25
St. Gallenkirch	GP	1904–1967	1	26
Schruns	GP	1874–1986	1	27
		1986–1987	2	28
		1988–2004	3	29
Ludesch - Thüringen	GP	1919–1966	1	30
		1967–2004	2	31
		2001–2004	3	32

8.3.4 Bezirk Bregenz

DIENSTSTELLEN	BEZEICHNUNG	JAHRE	BD.	LFD. NR.
Bezirk Bregenz				
Alberschwende	GP	1906–2001	1	33
Au	GP	1884–2003	1	34
Bezau	GP	1850–2004	1	35
		1850–1990	2	36
Bregenz	GP	1850–1936	1	37
		1850–1953	2	38
		1953–1991	3	39
		1993–2004	4	40

Dienststellen	Bezeichnung	Jahre	Bd.	Lfd. Nr.
	GAK	1972–1978	1	41
		1979–1991	2	42
	BGK	1850–1974	1	43
Bregenz	Bahnhof	1993–2004	1	44
	Verkehrsposten	1964–1991	1	45
Bregenz-Vorkloster	GP	1920–1969	1	46
		1969–2002	2	47
Doren	GP	1905–1968	1	48
Egg	GP	1877–1988	1	49
		1989–2003	2	50
Hard	GP	1895–1992	1	51
		1993–2004	2	52
Hard	Bootsstation	1994–2004	1	53
Hittisau	GP	1850–2003	1	54
Höchst	GP	1854–2004	1	55
Hörbranz	GP	1884–2003	1	56
Kennelbach	GP	1919–1974	1	57
Kleinwalsertal	GP	1877–2004	1	58
Krumbach	GP	1921–1971	1	59
Langen bei Bregenz	GP	1850–1994	1	60
		1993–2003	2	61
Lauterach	GP	1920–1961	1	62
		1962–2004	2	63
Lingenau	GP	1919–1963	1	64
Lochau	GP	1936–1996	1	65
		1997–2003	2	66
Mellau	GP	1920–1970	1	67
Möggers	GP	1920–1963	1	68
Schwarzach	GP	1876–1975	1	69
Schwarzenberg	GP	1921–1960	1	70
		1961–2003	2	71
Wolfurt	GP	1977–2003	1	72

Anmerkung: Die Chroniken des Bezirkes Bregenz werden durch folgenden Bereich ergänzt:
– Visitierungsprotokoll des Gendarmerie-Verkehrspostens Bregenz 1965–1989.

8.3.5 Bezirk Dornbirn

Dienststellen	Bezeichnung	Jahre	Bd.	Lfd. Nr.
Bezirk Dornbirn				
Dornbirn	GP	1850–1967	1	73
		1968–1992	2	74
		1993–2004	3	75
		1850–2004	4	76
Hohenems	GP	1850–1968	1	77
		1969–1989	2	78
		1990–2004	3	79
Lustenau	GP	1896–1987	1	80
		1988–2003	2	81
		2003–2004	3	82

Anmerkung: Die Chroniken des Bezirks Dornbirn werden durch folgende Bereiche ergänzt:
– GP Dornbirn, Chronik und Beamtenverzeichnis (Computerausdruck).

8.3.6 Bezirk Feldkirch

Dienststellen	Bezeichnung	Jahre	Bd.	Lfd. Nr.
Bezirk Feldkirch				
Altach	GP	1920–2000	1	83
		2001–2004	2	84
Altenstandt-Gisingen	GP	1919–2000	1	85
Feldkirch	GP	1850–1933	1	86
		1933–1969	2	87
		1970–2003	3	88
Feldkirch	Verkehrsposten	1964–1990	1	89
Feldkirch	BGK	1850–1960	1	90
		1961–1996	2	91
Feldkirch	GAK	1920–1969	1	92
		1969–1993	2	93
Frastanz	GP	1903–2004	1	94

Dienststellen	Bezeichnung	Jahre	Bd.	Lfd. Nr.
Götzis	GP	1900–1999	1	95
		2000–2004	2	96
Rankweil	GP	1890–2003	1	97
Satteins	GP	1919–1996	1	98
		1997–2003	2	99
Schlins	GP	1940–1963	1	100
Sulz	GP	1940–1998	1	101
Tisis	GP	1922–1940	1	102
Weiler-Klaus	GP	1919–1994	1	103

8.3.7 Zusammenfassung

Im Bereich des LGK Vorarlberg sind insgesamt 103 **Gendarmerie-Chroniken** existent. Diese teilen sich hinsichtlich der Organisationseinheiten und Dienststellen wie folgt auf:

Organisationseinheit	Gesamt	GAK	BGK	Posten	Sonstige
LGK Vorarlberg	6				
Bezirk Bludenz	26			24	2
Bezirk Bregenz	40	2	1	34	3
Bezirk Dornbirn	10			10	
Bezirk Feldkirch	21	2	2	16	1
GESAMT	103	4	3	84	6

Tab. 8: Chroniken des LGK Vorarlberg – Gesamtübersicht (eigene Darstellung).
Anmerkung: Die Chroniken des LGK Vorarlberg werden durch folgende Bereiche ergänzt:
– Normalien 1943–1944 (lose Blattsammlung),
– Statistische Erhebungen 1955–1957 (lose Blattsammlung).

Ansprechpartner:
Vorarlberger Landesarchiv, 6900 Bregenz, Kirchstraße 28
Telefon: +43 557 45 11-45012
Fax: +43 557 45 11-45095
E-Mail: landesarchiv@vorarlberg.at

8.4 LGK STEIERMARK

8.4.1 Allgemein

Als Datum des offiziellen Tätigkeitsbeginns des 12. Gendarmerie-Regiments wurde der 20. Mai 1850 ausersehen, der somit auch als „Geburtstag" der steirischen Gendarmerie angesehen werden kann.[122]

Mit kaiserlicher Entschließung vom 28. Jänner 1866 wurde von der militärischen Bezeichnung Regimentskommando zum zivilen Terminus „Landesgendarmeriekommando" übergegangen. Dabei wurde unter anderem für den Bereich der Steiermark eine neue Stabstation in Laibach eingerichtet. Kaiser Franz Joseph ordnete am 23. Oktober 1873 die Neugliederung der österreichischen Gendarmerie an und es wurde der Kommandostab wiederum in Graz eingerichtet.[123]

Mit 1.1.1874 trat die Unterteilung der steirischen Gendarmerie in Abteilungen in Kraft, wobei fünf Abteilungskommanden errichtet wurden (Graz, Hartberg-Feldbach, Marburg, Cilli und Leoben).[124]

Im Bereich der GAK kam es bis zum Jahr 1910 zu einer Verdoppelung: im Jahr 1896 kam das GAK Leibnitz dazu; es folgten dann Judenburg (1902), Pettau (1905), Bruck (1906) und Radkersburg (1910).[125]

Hielt man im Jahre 1894 noch bei einer Postenanzahl von 164 (davon 111 auf dem Gebiet der heutigen Steiermark), so waren es im Juni 1914 – also unmittelbar vor Ausbruch des Ersten Weltkrieges – insgesamt 255.[126]

---

122 Vgl. GEBHARDT, Helmut: Die Gendarmerie in der Steiermark (wie Anm. 23), S. 60–62. Durch Verordnung des Ministeriums des Innern vom 18. Jänner 1850 über die „Organisation der Gendarmerie" erfolgte die im Reichsgesetzblatt veröffentliche Aufstellung von 16 Gendarmerie-Regimentern. Am 20. Mai 1850 begann in der Steiermark die Aufstellung des ersten Kontingents von insgesamt 160 Gendarmen in den ihnen zugewiesenen Orten.
123 Circular-Verordnung vom 7.11.1873; vgl. LECKER, Harald: Landesgendarmeriekommando für Steiermark. In: HÖRMANN, Fritz/HESZTERA, Gerald: Zwischen Gefahr und Berufung. Gendarmerie in Österreich. Wien 1999, S. 444–445, hier S. 444; vgl. GEBHARDT, Helmut: Die Gendarmerie in der Steiermark (wie Anm. 23), S. 108 f.
124 Vgl. GEBHARDT, Helmut: Die Gendarmerie in der Steiermark (wie Anm. 23), S. 110. Der Sitz des GAK Nr. 2 wurde am 1.10.1876 von Hartberg nach Feldbach verlegt; die Abteilung Nr. 4 von Cilli wurde im Jahr 1876 aufgelöst und die Posten der Abteilung Nr. 3 in Marburg angeschlossen.
125 Ebd., S. 163.
126 Ebd., S. 161. Nach den Angaben des Gendarmerie-Jahrbuches 1914 bestanden 258 Dienststellen (10 GAK, 23 BGK und 225 Posten). Vgl. Jahrbuch für die k. k. Gendarmerie

Für den Beginn des chronikrelevanten Zeitraumes von Juli 1914 (Anordnung zur Führung der Postenchroniken) bis zum Dezember 1923 (Anordnung zur Führung von LGK-, GAK- und BGK-Chroniken) setzte sich das LGK Nr. 6 für die Steiermark organisatorisch wie folgt zusammen:

LGK Nr. 6 - Steiermark				
Organisationseinheit	1914	1919	1922	1925
GAK	10	7	8	8
BGK	23	16	16	16
Gendarmerieposten	231	192	222	237
GESAMT	264	215	246	261

Tab. 9: Darstellung der LGK-Struktur – intern (GAK/BGK/Posten), der Jahre 1914, 1919, 1922 und 1925 (eigene Darstellung auf Grundlage der monatlichen Standesausweise des LGK Steiermark, des Jahrbuches für die k. k. Gendarmerie 1914 und des Jahrbuches für die Gendarmerie 1919). Im Jahr 1914 waren die GAK Nr. 3 Marburg, Nr. 5 Cilli und Nr. 8 Pettau (inklusive ihrer BGK) noch dem LGK für Steiermark unterstellt.

Die Anzahl von insgesamt acht GAK blieb bis zur Strukturreform 1993 bestehen und auch die Anzahl von 16 BGK veränderte sich bis zur Wachkörperreform 2005 und dem damit verbundenen Verpflichtungsende zur Führung der Chroniken nicht. Einzig bei den Gendarmerieposten war ein Rückgang von 237 (Jahr 1925) auf 144 zum Zeitpunkt der Wachkörperreform im Jahr 2005 festzumachen.[127]

8.4.2 Landesgendarmeriekommando (LGK)

Bundesland Steiermark				
Landesgendarmeriekommando (LGK)				
LGK	Band 1	1928–1934	1	1
LGK	Band 2	1935	2	2
LGK	Band 3	1936–1941	3	3
LGK	Band 4	1942–1948	4	4

---

der im Reichsrathe vertretenen Königreiche und Länder für das Jahr 1914. Wien 1914, S. 192–195.
127 Vgl. Almanach der österreichischen Bundesgendarmerie 2003/04, S. 262–296.

BUNDESLAND STEIERMARK				
LANDESGENDARMERIEKOMMANDO (LGK)				
LGK	Band 5	1949	5	5
LGK	Band 6	1950–1951	6	6
LGK	Band 7	1952–1953	7	7
LGK	Band 8	1954–1956	8	8
LGK	Band 9	1957–1960	9	9
LGK	Band 10	1961–1965	10	10
LGK	Band 11	1966–1969	11	11
LGK	Band 12	1969	12	12
LGK	Band 13	1970–1973	13	13
LGK	Band 14	1974	14	14
LGK	Band 15	1975	15	15
LGK	Band 16	1976–1977	16	16
LGK	Band 17	1978	17	17
LGK	Band 18	1979	18	18
LGK	Band 19	1980–1981	19	19
LGK	Band 20	1982–1983	20	20
LGK	Band 21	1984–1986	21	21
LGK	Band 22	1987–1990	22	22
LGK	Band 23	1991–1996	23	23
LGK	Band 24	1997–2005	24	24
LGK	Band 25	2005–2009	25	25

8.1.3 Bezirk Bruck-Mürzzuschlag

DIENSTSTELLEN		BEZEICHNUNG	BD.	LFD. NR.
Bezirk Bruck-Mürzzuschlag				
Aflenz	GP	1849–1949	1	26
		1950–1993	2	27
Berndorf		1916–1937	1	28
Breitenau am Hochlantsch	GP	1904–1958	1	29
Bruck an der Mur	GAK	1906–1936	1	30

Dienststellen		Bezeichnung	Bd.	Lfd. Nr.
Bruck an der Mur		1936–1952	2	31
		1953–1992	3	32
	BGK	1849–1962	1	33
		1962–1991	2	34
		1991–2005	3	35
		2005–2012	4	36
	GP	2000–2001	1	37
Gusswerk	GP	1906–1966	1	38
		1967–1987	2	39
		1987–1997	3	40
		1998–2009	4	41
Hafendorf	GP	1919–1953	1	42
Hönigsberg	GP	1950–1992	1	43
Kapfenberg	GP	1896–1978	1	44
		1979–2004	2	45
		2005–2012	3	46
Kindberg	GP	1869–1948	1	47
		1948–1978	2	48
		1979–1996	3	49
		1997–2014	4	50
Kirchdorf bei Pernegg	GP	1850–1967	1	51
		1967–1989	2	52
		1990–2010	3	53
Krieglach	GP	1919–1948	1	54
		1949–1974	2	55
		1975–1997	3	56
		1998–2010	4	57
Langenwang	GP	1919–1968	1	58
		1968–1991	2	59
		1992–2014	3	60
Mariazell	GP	1919–1980	1	61
		1980–2002	2	62
		2003–2014	3	63

Dienststellen		Bezeichnung	Bd.	Lfd. Nr.
Mitterdorf	GP	1904–1978	1	64
		1979–2004	2	65
Mixnitz	GP	1925–1962	1	66
Mürzhofen	GP	1920–1967	1	67
Mürzsteg	GP	1895–1944	1	68
Mürzzuschlag	BGK	1903–1962	1	69
		1962–1990	2	70
		1990–1997	3	71
		1998–2009	4	72
	GP	1879–1952	1	73
		1952–1972	2	74
		1973–1984	3	75
		1985–1993	4	76
		1994–2005	5	77
Neuberg a.d. Mürz	GP	1904–1952	1	78
		1953–1976	2	79
		1976–2014	3	80
Oberort-Tragöß	GP	1919–1989	1	81
Parschlug	GP	1945–1966	1	82
Schirmitzbühel	GP	1987–2007	1	83
Seewisen	GP	1888–1987	1	84
Spital am Semmering	GP	1902–1973	1	85
		1974–2014	2	86
St.Kathrein a.d. Laming	GP	1981–2006	1	87
St. Marein im Mürztal	GP	1914–1986	1	88
		1987–2007	2	89
Stanz	GP	1879–2002	1	90
Steinhaus am Semmering	GP	1938–1955	1	91
Thörl	GP	1880–1958	1	92
		1859–1986	2	93
		1986–1999	3	94
		2000–2014	4	95
Turnau	GP	1883–1989	1	96

Dienststellen	Bezeichnung	Bd.	Lfd. Nr.
		1990–1992	2	97
Veitsch	GP	1911–1976	1	98
		1977–2014	2	99

Anmerkung: Der Bezirk *Bruck-Mürzzuschlag* entstand – im Zuge der Reorganisation der Bezirkshauptmannschaften durch die Steirische Landesregierung – am 1. Jänner 2013 durch die Zusammenlegung der Bezirke Bruck an der Mur und Mürzzuschlag.[128]

8.4.4 Bezirk Deutschlandsberg

Dienststellen	Bezeichnung	Jahre	Bd.	Lfd. Nr.
Bezirk Deutschlandsberg				
Deutschlandsberg	BGK	1862–1938	1	100
		1938–1972	2	101
		1973–1998	3	102
		1999–2002	4	103
	GP	1860–1955	1	104
		1956–1963	2	105
		1964–2004	3	106
		2004–2007	4	107
Eibiswald	GP	1853–1938	1	108
		1939–1965	2	109
		1966–1991	3	110
		1991–2006	4	111
		2006–2008	5	112
Gams	GP	1906–1995	1	113
		1996–2001	2	114
Groß St. Florian	GP	1928–1980	1	115
		1981–2014	2	116
Lannach	GP	1911–1972	1	117

---

128 Vgl. LGBl., Stück 38, Nr. 99/2012, Verordnung der Steiermärkischen Landesregierung vom 20. September 2012 über Sprengel, Bezeichnung und Sitz der Bezirkshauptmannschaften in der Steiermark (Steiermärkische Bezirkshauptmannschaftenverordnung), ausgegeben am 30. Oktober 2012.

Dienststellen	Bezeichnung	Jahre	Bd.	Lfd. Nr.
Lannach		1972–2007	2	118
Pölfing Brunn	GP	1919–1951	1	119
		1952–1984	2	120
		1985–1993	3	121
Preding	GP	1926–1948	1	122
		1949–1976	2	123
		1977–2007	3	124
Schwanberg	GP	1912–1967	1	125
		1968–2000	2	126
		2000–2008	3	127
Soboth	GP	1996–2007	1	128
St. Martin	GP	1906–1963	1	129
		1963–2001	2	130
St. Stefan/Stainz	GP	1902–1968	1	131
		1969–2005	2	132
Stainz	GP	1860–1944	1	133
		1945–1970	2	134
		1971–1984	3	135
		1985–2005	4	136
Trahütten	GP	1944–1967	1	137
Wettmannstätten	GP	1920–1936	1	138
		1937–1968	2	139
Wies	GP	1885–1970	1	140
		1971–1996	2	141
		1997–2006	3	142

Anmerkung: Für den Chronik-Bereich des BGK/GP Deutschlandsberg (fortlaufende Nr. 100–107) existieren noch entsprechende Beilagen.

8.4.5 Bezirk Graz-Umgebung

Dienststellen	Bezeichnung	Jahre	Bd.	Lfd. Nr.
Bezirk Graz-Umgebung				
Deutschfeistritz	GP	1872–1970	1	143
		1971–2000	2	144
		2000–2010	3	145
Dobl	GP	1951–1966	1	146
Eggersdorf	GP	1912–1957	1	147
		1958–2006	2	148
Feldkirchen	GP	1866–1979	1	149
		1980–1990	2	150
		1991–2005	3	151
Frohnleiten	GP	1874–1967	1	152
		1968–1997	2	153
		1998–2009	3	154
Gratkorn	GP	1919–1955	1	155
		1956–1969	2	156
		1970–1981	3	157
		1982–1993	4	158
		1994–2005	5	159
Gratwein	GP	1885–1981	1	160
		1983–2007	2	161
		2008–2010	3	162
Graz Flughafen	GP	1996–2007	1	163
Graz-Süd	BGK	1984–1989	1	164
Großstübing	GP	1940–1991	1	165
Hausmannstätten	GP	1919–1950	1	166
		1950–1978	2	167
		1978–1986	3	168
		1986–2010	4	169
Hitzendorf	GP	1896–1989	1	170
		1990–2005	3	171
		2005–2007	4	172

DIENSTSTELLEN	BEZEICHNUNG	JAHRE	BD.	LFD. NR.
Kainbach bei Graz	GP	1919–1988	1	173
Kainbach bei Graz	GP	1989–1995	2	174
Kalsdorf	GP	1884–1973	1	175
		1974–1996	2	176
		1996–2015	3	177
Kumberg	GP	1912–1984	1	178
		1985–2009	2	179
Lassnitzhöhe	GP	1958–1999	1	180
Liebenau	GP	1918–1936	1	181
Lieboch	GP	1918–1986	1	182
		1987–2010	2	183
Mauritzen	GP	1940–1953	1	184
Nestelbach	GP	1908–1957	1	185
Raaba	GP	1912–1954	1	186
		1955–2001	2	187
		2002–2004	3	188
Seiersberg	GP	1936–1967	1	189
		1967–2001	2	190
		2002–2008	3	191
St. Marein bei Graz	GP	1884–1980	1	192
		1981–2003	2	193
St. Radegund	GP	1885–1963	1	194
		1964–2003	2	195
St. Veit bei Graz	GP	1920–1956	1	196
Semriach	GP	1906–1968	1	197
		1969–2004	2	198
		2005–2014	3	199
Stattegg	GP	1957–2003	1	200
Thal	GP	1975–1991	1	201
Übelbach	GP	1885–1965	1	202
		1966–2007	2	203
Unterpremstätten	GP	1960–1973	1	204
		1973–1981	2	205

Dienststellen	Bezeichnung	Jahre	Bd.	Lfd. Nr.
		1973–1990	3	206
		1991–2007	4	207
Wundschuh	GP	1940–2001	1	208

Anmerkung: Bei den Chroniken des GP Hitzendorf (fortlaufende Nr. 170–172) existieren Beilagen. Die beschädigte Chronik 2 des GP Unterpremstätten (Nr. 205) wurde durch eine erweiterte Neufassung ergänzt (Nr. 206).

8.4.6 Bezirk Hartberg-Fürstenfeld

Dienststellen	Bezeichnung	Jahre	Bd.	Lfd. Nr.
Bezirk Hartberg-Fürstenfeld				
Burgau	GP	1881–1959	1	209
		1959–1987	2	210
		1988–2000	3	211
Dechantskirchen	GP	1974–1990	1	212
Friedberg	GP	1852–1954	1	213
		1955–1985	2	214
		1986–2014	3	215
Fürstenfeld	GP	1919–1968	1	216
		1968–1987	2	217
		1988–2002	3	218
Grafendorf	GP	1923–1958	1	219
		1959–2001	2	220
Grosssteinbach	GP	1941–1992	1	221
Grosswilfersdorf	GP	1914–1967	1	222
		1967–1992	2	223
Hartberg /Fürstenfeld	BGK	1850–1966	1	224
		1966–2005	2	225
Hartberg	GP	1851–1960	1	226
		1960–2002	2	227
		2003–2006	3	228
Ilz	GP	1873–1987	1	229
		1987–2002	2	230

Dienststellen	Bezeichnung	Jahre	Bd.	Lfd. Nr.
Kaindorf	GP	1882–1937	1	231
		1945–2008	2	232
Loipersdorf	GP	1949–1967	1	233
Neudau	GP	1845–1991	1	234
Pöllau	GP	1850–1932	1	235
		1850–1949	2	236
		1950–1987	3	237
		1987–2009	4	238
Rohrbach	GP	1945–2005	1	239
Schäffern	GP	1903–1936	1	240
Söchau	GP	1883–1996	1	241
		1997–2004	2	242
St.Johann/Herberstein	GP	1905–1966	1	243
Stubenberg	GP	1852–1983	1	244
		1984–2001	2	245
Vorau	GP	1852–1983	1	246
		1948–1995	2	247
		1996–2007	3	248
Waldbach	GP	1946–2000	1	249
Wenigzell	GP	1949–1991	1	250
Waltersdorf	GP	1886–1958	1	251
		1958–1985	2	252
		1986–2007	3	253

Anmerkung: Der Bezirk *Hartberg-Fürstenfeld* entstand – im Zuge der Reorganisation der Bezirkshauptmannschaften durch die Steirische Landesregierung – am 1. Jänner 2013 durch die Zusammenlegung der Bezirke Hartberg und Fürstenfeld.[129]

---

129 Ebd.

8.4.7 Bezirk Leibnitz

Dienststellen	Bezeichnung	Jahre	Bd.	Lfd. Nr.
Bezirk Leibnitz				
Allerheiligen bei Wildon	GP	1920–1967	1	254
Arnfels	GP	1825–1924	1	255
		1924–1932	2	256
		1933–1937	3	257
		1937–1995	4	258
		1996–2010	5	259
Ehrenhausen	GP	1914–1949	1	260
		1949–1996	2	261
		1997–2001	3	262
Gamlitz	GP	1908–1961	1	263
		1962–1989	2	264
		1990–2005	3	265
Gleinstätten	GP	1882–1977	1	266
		1978–2003	2	267
Heiligenkreuz am Waasen	GP	1964–2014	1	268
		1964–2014	2	269
Heimschuh	GP	1994–2014	1	270
Hengsberg	GP	1961–1962	1	271
Kaindorf an der Sulm	GP	1920–1965	1	272
		1966–1967	2	273
Klein	GP	1910–1956	1	274
		1957–1994	2	275
Langegg - Grenzkontrolle	GP	1996–2003	1	276
Lebring	GP	1902–1976	1	277
		1977–2007	2	278
Leibnitz	GAK	1896–1950	1	279
		1951–1963	2	280
		1963–1976	3	281
		1977–1993	4	282
	BGK	Lichtbilder	1	283

Dienststellen	Bezeichnung	Jahre	Bd.	Lfd. Nr.
Leibnitz	BGK	Unterkünfte	2	284
		1849–1934	3	285
	BGK	1934–1953	4	286
		1959–1985	5	287
		1986–1993	6	288
	GP	1874–1953	1	289
		1953–1965	2	290
		1966–1980	3	291
		1981–2008	4	292
Leutschach	GP	1904–1966	1	293
		1966–2005	2	294
		2005–2014	3	295
Oberhaag	GP	1928–1947	1	296
		1947–1966	2	297
Spielfeld	GP	1957–1976	2	298
		1976–1991	3	299
		1991–1996	4	300
St. Georgen an der Stiefing	GP	1854–1935	1	301
		1954–1991	2	302
St. Nikolai im Sausal	GP	1906–1934	1	303
		1934–1957	2	304
		1957–1994	3	305
Straß im Sausal	GP	1914–1969	1	306
		1969–2014	2	307
Wagna	GP	1929–1960	1	308
Wildon	GP	1873–1965	1	309
		1965–1973	2	310
		1973–1999	3	311
Wolfsberg im Schwarzautal	GP	1871–2006	1	312
		2007–2013	2	313

Anmerkung: Bei den Chroniken des BGK Leibnitz (Nr. 285–288) befinden sich Beilagen und Beschreibungen (Lichtbilder, Unterkünfte). Bei den Chroniken des GP St. Nikolai im Sausal (Nr. 303–305) existiert ein Stationsdienstbuch (Beilage).

8.4.8 Bezirk Leoben

Dienststellen	Bezeichnung	Jahre	Bd.	Lfd. Nr.
Bezirk Leoben				
Göß	GP	1919–1939	1	314
Kammern	GP	1931–1992	1	315
Kalwang	GP	1895–1967	1	316
Kraubath	GP	1911–1966	1	317
		1967–1992	2	318
Leoben	BGK	1925–1945	1	319
		1990–2015	2	320
		2007–2014	3	321
Mautern	GP	1876–1941	1	322
		1945–1992	2	323
		1993–2007	3	324
Niklasdorf	BGK	1964–1990	1	325
	GAK	1954–1981	2	326
		1982–1992	3	327
	GP	1917–1947	1	328
		1948–1976	2	329
		1946–1976	3	330
		1976–1987	4	331
		1987–2000	5	332
Präbichl	GP	1960–1969	1	333
Seegraben	GP	1890–1984	1	334
St. Michael	GP	1879–1927	1	335
		1879–1932	2	336
		1933–1952	3	337
		1952–1965	4	338
		1966–1995	5	339
		1996–2002	6	340
		2003–2008	7	341
St. Stefan ob Leoben	GP	1940–1992	1	342

Dienststellen	Bezeichnung	Jahre	Bd.	Lfd. Nr.
St. Peter Freienstein	GP	1919–1958	1	343
		1958–1962	2	344
		1993–2006	3	345
Trofaiach	GP	1872–1962	1	346
		1962–1985	2	347
		1985–2009	3	348
		2010–2014	4	349
Vordernberg	GP	1878–1961	1	350
		1962–2006	2	351
Wald am Schoberpaß	GP	1924–1977	1	352
		1978–2001	2	353

8.4.9 Bezirk Liezen

Dienststellen	Bezeichnung	Jahre	Bd.	Lfd. Nr.
Bezirk Liezen				
Admont	GP	1867–1936	1	354
		1937–1969	2	355
		1969–1998	3	356
Altaussee	GP	1920–1989	1	357
Altenmarkt	GP	1920–1951	1	358
Ardning	GP	1946–1966	1	359
Bad Aussee	GP	1878–1945	1	360
		1946–1997	2	361
		1997–2015	3	362
Bad Mitterndorf	GP	1866–1940	1	363
		1940–1957	2	364
		1958–1989	3	365
		1990–2005	4	366
		2005–2009	5	367
Donnersbach	GP	1920–1944	1	368
		1945–1966	2	369

Dienststellen	Bezeichnung	Jahre	Bd.	Lfd. Nr.
Gaishorn	GP	1919–1954	1	370
Gröbming	GP	1850–1933	1	371
		1934–1963	2	372
		1914–1966	3	373
		1964–1999	4	374
		2000–2006	5	375
		Beilagen	6	376
Grossreifling	GP	1869–1948	1	377
		1949–1999	2	378
		2000–2008	3	379
Grundlsee	GP	1951–1990	1	380
Haus	GP	1897–1948	1	381
		1948–1966	2	382
		1966–1981	3	383
		1982–2006	4	384
Hieflau	GP	1869–1934	1	385
		1869–1937	2	386
		1869–2003	3	387
Irdning	GP	1882–1971	1	388
		1972–1983	2	389
		1984–2005	3	390
Liezen	GAK	1933–1968	1	391
		1968–1993	2	392
	BGK	1918–1969	1	393
		1967–1992	2	394
		1969–2000	3	395
	GP	1850–1938	1	396
		1938–1964	2	397
		1964–1990	3	398
		1990–2007	4	399
		2008–2010	5	400
Öblarn	GP	1905–1945	1	401
		1945–1967	2	402

Dienststellen	Bezeichnung	Jahre	Bd.	Lfd. Nr.
Palfau	GP	1891–1953	1	403
		1954–1979	2	404
Ramsau	GP	1933–1956	1	405
		1956–2014	2	406
Rottenmann	GP	1900–1953	1	407
		1954–1990	2	408
Schladming	GP	1901–1937	1	409
		1945–1953	2	410
		1954–1962	3	411
		1963–1983	4	412
		1984–1999	5	413
Selzthal	GP	1870–1976	1	414
		1977–2001	2	415
St. Gallen	GP	1850–1946	1	416
		1952–1969	2	417
		1946–2005	3	418
St. Martin	GP	1947–1960	1	419
Stainach	GP	1967–2002	1	420
		1980–2002	2	421
		2003–2015	3	422
Stein/Enns	GP	1923–1984	1	423
		1985–2001	2	424
Tauplitz	GP	1936–1967	1	425
		1967–1986	2	426
		1986–1992	3	427
Trieben	GP	1955–1961	1	428
		1936–1962	2	429
		1962–1988	3	430
		1989–2009	4	431
Wildalpen	GP	1914–1958	1	432
Wörschach	GP	1937–1958	1	433
		1959–1966	2	434

8.4.10 Bezirk Murau

Dienststellen	Bezeichnung	Jahre	Bd.	Lfd. Nr.
Bezirk Murau				
Krakaudorf	GP	1944–1992	1	435
Mühlen	GP	1938–1966	1	436
Murau	BGK	1894–1953	1	437
		1953–1974	2	438
		1975–1982	3	439
		1982–1994	4	440
		1995–2005	5	441
	GP	1894–1952	1	442
		1952–1982	2	443
		1983–1995	3	444
		1995–2008	4	445
		2009–2013	5	446
Neumarkt	GP	1928–1952	1	447
		1952–1978	2	448
		1979–2005	3	449
Oberwölz	GP	1874–1948	1	450
		1949–1998	2	451
		1998–2005	3	452
Scheifling	GP	1921–1957	1	453
		1957–1994	2	454
		1995–2008	3	455
Schöder	GP	1879–1958	1	456
		1959–1997	2	457
		1998–2007	3	458
St. Lambrecht	GP	1896–1942	1	459
		1943–1969	2	460
		1970–1997	3	461
		1998–2010	4	462
Stadl/Mur	GP	1852–1970	1	463
		1971–1999	2	464

Dienststellen	Bezeichnung	Jahre	Bd.	Lfd. Nr.
Stadl/Mur		2000–2010	3	465
Teufenbach	GP	1879–1992	1	466

8.4.11 Bezirk Murtal

Dienststellen	Bezeichnung	Jahre	Bd.	Lfd. Nr.
Bezirk Murtal				
Fohnsdorf	GP	1920–1954	1	467
		1955–1985	2	468
		1986–2007	3	469
		2007–2012	4	470
Grosslobming	GP	1949–1991	1	471
Ingering	GP	1905–1968	1	472
Judenburg	GAK	1945–1959	1	473
		1959–1972	2	474
	BGK	1914–1933	1	475
		1934–1947	2	476
		1947–1962	3	477
		1963–1983	4	478
		1984–2006	5	479
		2006–2008	6	480
		2011–2014	7	481
	GP	1850–1933	1	482
		1934–1949	2	483
		1950–1962	3	484
		1962–1980	4	485
		1980–2010	5	486
Knittelfeld	BGK	1946–1985	1	487
		1985–2010	2	488
	GP	1877–1944	1	489
		1945–1975	2	490
		1975–2002	3	491
		2003–2014	4	492

Dienststellen	Bezeichnung	Jahre	Bd.	Lfd. Nr.
Obdach	GP	1850–1951	1	493
		1951–1971	2	494
Oberzeiring	GP	1850–1960	1	495
		1961–2001	2	496
		2002–2014	3	497
Pöls	GP	1920–1947	1	498
		1949–1970	2	499
		1971–2011	3	500
Seckau	GP	1876–1945	1	501
		1946–2001	2	502
		2002–2012	3	503
Seetal	Hochgebirgsposten	1939–1959	1	504
St. Lorenzen bei Knittelfeld	GP	1919–1943	1	505
		1944–1984	2	506
		1985–2011	3	507
St. Marein bei Knittelfeld	GP	1920–1964	1	508
		1965–1991	2	509
Unzmarkt	GP	1880–1977	1	510
		1977–1995	2	511
		1996–2012	3	512
Weißkirchen	GP	1874–1939	1	513
		1940–1996	2	514
		1997–2011	3	515
Zeltweg	GP	1914–1974	1	516
		1974–2006	2	517

Anmerkung: Der Bezirk *Murtal* entstand – im Zuge der Reorganisation der Bezirkshauptmannschaften durch die Steirische Landesregierung – am 1. Jänner 2012 durch die Zusammenlegung der Bezirke Knittelfeld und Judenburg.[130]

---

130 LGBl., Stück 36, Nr. 102/2011, ausgegeben am 20. Dezember 2011. Gesetz vom 18. Oktober 2011, mit dem u. a. das Steiermärkische Bezirkshauptmannschaftengesetz (Artikel 1) geändert wird; Steiermärkisches Bezirksbehörden-Reorganisationsgesetz 2012 (BB ReorgG 2012).

8.4.12 Bezirk Südoststeiermark

Dienststellen	Bezeichnung	Jahre	Bd.	Lfd. Nr.
Bezirk Südoststeiermark				
Bad Gleichenberg	GP	1885–1938	1	518
		1945–1983	2	519
		1984–1991	3	520
		1992–2011	4	521
	Jubiläums-Chroniken		5	522
Bad Radkersburg	BGK	1912–1966	1	523
		1966–2005	2	524
	GP	1945–1978	1	525
		1979–1992	2	526
		1993–2009	3	527
		2010–2012	4	528
Deutsch-Goritz	GP	1914–1984	1	529
		1985–1992	2	530
Fehring	GP	1914–1986	1	531
		1987–2010	2	532
Feldbach	BGK	1945–1960	1	533
		1961–1975	1	534
		1976–1995	2	535
		1996–1997	3	536
	GAK	1952–1965	1	537
		1965–1988	2	538
		1989–1992	3	539
	Ergänzungsband		4	540
	GP	1865–1980	1	541
		1981–1995	2	542
		1995–2002	3	543
		2002–2009	4	544
		2009–2011	5	545
Gnas	GP	1945–2012	1	546
Halbenrain	GP	1906–2004	1	547
		2005–2008	2	548

Dienststellen	Bezeichnung	Jahre	Bd.	Lfd. Nr.
Hatzendorf	GP	1945–1996	1	549
Kirchbach	GP	1947–1973	1	550
		1973–2001	2	551
Kirchberg	GP	1912–2004	1	552
Klöch	GP	1887–1943	1	553
		1946–1992	2	554
Mettersdorf	GP	1919–1950	1	555
		1951–1991	2	556
Mitterlabill	GP	1940–1967	1	557
Mureck	GP	1919–1951	1	558
		1952–1974	2	559
		1975–1992	3	560
		1993–2014	4	561
		Ergänzungsband	5	562
Riegersburg	GP	1894–1986	1	563
		1987–2015	2	564
Rohr	GP	1919–1980	1	565
St. Anna am Aigen	GP	1945–1977	1	566
St. Peter am Ottersbach	GP	1895–1965	1	567
		1966–1999	2	568
		2000–2010	3	569
St. Stefan im Rosental	GP	1874–1969	1	570
		1910–1970	2	571
		1971–2004	3	572
		2005–2009	4	573
Straden	GP	1945–1992	1	574
		1993–2004	2	575
Tieschen	GP	1919–1969	1	576
Unterlamm	GP	1903–1967	1	577

Anmerkung: Der Bezirk *Südoststeiermark* entstand – im Zuge der Reorganisation der Bezirkshauptmannschaften durch die Steirische Landesregierung – am 1. Jänner 2013 durch die Zusammenlegung der Bezirke Feldbach und Bad Radkersburg.[131]

---

131 LGBl., Stück 38, Nr. 99/2012, Verordnung der Steiermärkischen Landesregierung (wie Anm. 128).

8.4.13 Bezirk Voitsberg

Dienststellen	Bezeichnung	Jahre	Bd.	Lfd. Nr.
Bezirk Voitsberg				
Bärnbach	GP	1921–1945	1	578
		1946–2002	2	579
Edelschrott	GP	1893–1940	1	580
		1945–1985	2	581
		1986–2012	3	582
Kainach	GP	1914	1	583
Köflach	GP	1867–1930	1	584
		1915–1960	2	585
		1960–1971	3	586
		1972–2006	4	587
Ligist	GP	1876–1962	1	588
		1962–2002	2	589
Pieber	GP	1919–1948	1	590
Salla	GP	1933–1936	1	591
		1937–991	2	592
Söding	GP	1912–1952	1	593
		1953–1969	2	594
		1970–2007	3	595
Stallhofen	GP	1906–1958	1	596
		1959–1992	2	597
		1993–2010	3	598
Voitsberg	BGK	1891–1939	1	599
		1945–1990	2	600
		1991–2013	3	601
	GP	1852–1936	1	602
	GP	1937–1950	2	603
		1951–1959	3	604
		1959–2005	4	605
		2006	5	606

8.4.14 Bezirk Weiz

DIENSTSTELLEN	BEZEICHNUNG	JAHRE	BD.	LFD. NR.
Bezirk Weiz				
Anger	GP	1883–1975	1	607
		1975–2010	2	608
		2011-	3	609
Birkfeld	GP	1869–1933	1	610
		1934–1950	2	611
		1950–1992	3	612
		1993–2006	4	613
Fischbach	GP	1892–1942	1	614
		1947–2001	2	615
Fladnitz/Teichalm	GP	1919–1980	1	616
		1945–1977	2	617
Gleisdorf	GP	1850–1935	1	618
		1936–1972	2	619
		1973–1988	3	620
		1989–2000	4	621
		2001–2005	5	622
Markt Hartmannsdorf	GP	1893–1970	1	623
		1971–2011	2	624
Oberfladnitz	GP	1951–1967	1	625
Passail	GP	1851–1957	1	626
		1958–1982	2	627
		1982–2008	3	628
Pischelsdorf	GP	1874–1935	1	629
		1936–1960	2	630
		1960–1987	3	631
		1988–2011	4	632
Puch bei Weiz	GP	1906–1967	1	633
		1975–2001	2	634
Ratten	GP	1928–2010	1	635
Rettenegg	GP	1871–1991	1	636

Dienststellen	Bezeichnung	Jahre	Bd.	Lfd. Nr.
Sinabelkirchen	GP	1919–1945	1	637
		1945–2000	2	638
St. Kathrein am Hauenstein	GP	1925–1954	1	639
		1955–1964	2	640
St. Margarethen an der Raab	GP	1919–1975	1	641
		1976–1991	2	642
		1992–2013	3	643
	Übersetzung	1919–1952	4	644
St. Ruprecht an der Raab	GP	1919–1969	1	645
		1970–1999	2	646
		2000–2012	3	647
Strallegg	GP	1919–1967	1	648
Weiz	GAK	1933–1960	1	649
		1960–1993	2	650
	BGK	1849–1922	1	651
		1914–1925	2	652
		1925–1937	3	653
		1937–1953	4	654
		1953–1961	5	655
		1961–1965	6	656
		1965–2002	7	657
		2002–2014	8	658
	GP	1934–1950	1	659
		1951–2003	2	660
		2004–2012	3	661

8.4.15 Zusammenfassung

Im Bereich des LGK Steiermark sind insgesamt **661 Gendarmeriehroniken** existent. Diese teilen sich hinsichtlich der Organisationseinheiten und Dienststellen wie folgt auf:

ORGANISATIONSEINHEIT	GESAMT	GAK	BGK	POSTEN	SONSTIGE
LGK Steiermark	25				
Bezirk Bruck-Mürzzuschlag	74	3	8	63	
Bezirk Deutschlandsberg	43		4	39	
Bezirk Graz-Umgebung	66		1	65	
Bezirk Hartberg-Fürstenfeld	45		2	43	
Bezirk Leibnitz	60	4	6	50	
Bezirk Leoben	40	2	4	34	
Bezirk Liezen	81	2	3	76	
Bezirk Murau	32		5	27	
Bezirk Murtal	51	2	9	39	1
Bezirk Südoststeiermark	60	4	2	53	1
Bezirk Voitsberg	29		3	26	
Bezirk Weiz	55	2	8	45	
GESAMT	661	19	55	560	2

Tab. 10: Chroniken des LGK Steiermark – Gesamtübersicht (eigene Darstellung).
Ansprechpartner:
Steiermärkisches Landesarchiv, 8010 Graz, Karmeliterplatz 3
Telefon: +43 316 8774028
E-Mail: landesarchiv@stmk.gv.at

8.5 LGK TIROL

8.5.1 Allgemein

Der erste Kommandant des Gendarmerie-Regiments Nr. 13, welches für die Länder Tirol und Vorarlberg zuständig war, hieß *Oberst Josef Freiherr Jablonsky* und nahm am 1. Mai 1850 mit mehr als 700 Gendarmen den Sicherheitsdienst auf. Der Einsatzbereich war damals ungleich größer als heute; ganz Südtirol bis hinunter in den italienischen Raum sowie Vorarlberg gehörten zum Bereich LGK Tirol, das mit 106 Gendarmerieposten ausgestattet war – 1856 waren 712 Gendarmen im Einsatz.[132]

---

132 Vgl. HUTER, Gottlieb: Landesgendarmeriekommando für Tirol. In: HÖRMANN, Fritz/ HESZTERA, Gerald: Zwischen Gefahr und Berufung. Gendarmerie in Österreich. Wien 1999, S. xx–xxx, hier S. 478-479, hier S. 478.

Nach dem verlorenen Krieg gegen Preußen und Italien wurde im Jahr 1866 Venetien aufgegeben. Dadurch wurde mit Wirkung vom 1.11.1866 das LGK Nr. 3 nach Innsbruck verlegt und war bis zum Jahr 1920 nur mehr für die Länder Tirol und Vorarlberg zuständig.[133]

Im Jahr 1907 war der LGK für Tirol und Vorarlberg wie folgt organisiert:[134]
– GAK Nr. 1 Innsbruck (mit den BGK Innsbruck, Imst und Reutte),
– GAK Nr. 2 Trient (mit den BGK Borgo und Trient),
– GAK Nr. 3 Bozen (mit den BGK Bozen und Brixen),
– GAK Nr. 4 Innsbruck (mit den BGK Kitzbühel, Kufstein und Schwaz),
– GAK Nr. 5 Trient (mit den BGK Cles, Mezzolombardo und Tione),
– GAK Nr. 6 Bruneck (mit den BGK Bruneck und Lienz),
– GAK Nr. 7 Bregenz (mit den BGK Bludenz, Bregenz und Feldkirch),
– GAK Nr. 8 Meran (mit den BGK Landeck, Meran und Schlanders),
– GAK Nr. 9 Riva (mit den BGK Riva und Rovento) und
– GAK Nr. 10 Cavalese (mit den BGK Cavalese, Cortina d'Ampezzo und Fiera die Primiero).

Für den Beginn des chronikrelevanten Zeitraumes von Juli 1914 (Anordnung zur Führung der Postenchroniken) bis zum Dezember 1923 (Anordnung zur Führung von LGK-, GAK- und BGK-Chroniken) setzte sich das LGK Nr. 3 für Tirol organisatorisch wie folgt zusammen:

LGK NR. 3 - TIROL				
ORGANISATIONSEINHEIT	1914	1919	1922	1925
GAK	10	3	4	4
BGK	26	8	8	8
Gendarmerieposten	256	114	118	107
GESAMT	292	125	130	119

Tab. 11: Darstellung der LGK-Struktur – intern (GAK/BGK/Posten), der Jahre 1914, 1919, 1922 und 1925 (eigene Darstellung auf Grundlage der monatlichen Standesausweise des LGK Tirol, des Jahrbuches für die k. k. Gendarmerie 1914 und des Jahrbuches für die Gendarmerie 1919). Im Jahr 1914 waren die GAK Nr. 2 Trient, Nr. 3 Bozen, Nr. 5 Trient, Nr. 6 Bruneck, Nr. 8 Meran, Nr. 9 Riva und Nr. 10 Rovereto mit den ihnen unterstellten BGK noch dem LGK für Tirol unterstellt.

---

133 Vgl. HESZTERA, Franz: Die Kommandostrukturen der Gendarmerie (wie Anm. 22), S. 130 f.
134 Ebd., S. 136.

Die Anzahl von insgesamt vier GAK blieb bis zur Strukturreform 1993 bestehen und auch die Anzahl von acht BGK veränderte sich bis zur Wachkörperreform 2005 und dem damit verbundenen Verpflichtungsende zur Führung der Chroniken nicht. Einzig bei den Gendarmerieposten war ein Rückgang von 107 (Jahr 1925) auf 68 Dienststellen zum Zeitpunkt der Wachkörperreform 2005 festzumachen.[135]

8.5.2 Landesgendarmeriekommando (LGK)

DIENSTSTELLEN	BEZEICHNUNG	JAHRE	BD.	LFD. NR.
Bundesland Tirol				
Landesgendarmeriekommando (LGK)				
LGK	Band 1	1850–1945	1	1
LGK	Band 2	1945–1963	2	2
LGK	Band 3	1964–1975	3	3
LGK	Band 4	1976–1986	4	4
LGK	Band 5	1987–1990	5	5
LGK	Band 6	1990–1992	6	6
LGK	Band 7	1993–1997	7	7

Anmerkung: Vom LGK Tirol sind insgesamt sieben Chroniken erhalten; zudem sind eine Fotodokumentation des LGK Tirol (1935–1956) und eine Dokumentation „100 Jahre Gendarmerie – LGK Tirol in Innsbruck (1949)" existent.

8.5.3 Bezirk Imst

DIENSTSTELLEN	BEZEICHNUNG	JAHRE	BD.	LFD. NR.
Bezirk Imst				
Arzl i. P.	GP	1920–1966	1	8
Haiming	GP	1941–1997	1	9
Imst	Autobahndienststelle	1983–2003	1	10
	BGK	1945–1971	1	11
		1973–1984	2	12
	GP	1850–1914	1	13

---

135 Vgl. Almanach der österreichischen Bundesgendarmerie 2003/04, S. 303–320.

Dienststellen	Bezeichnung	Jahre	Bd.	Lfd. Nr.
		1850–1971	2	14
		1972–2003	3	15
		1972–2003	4	16
Längenfeld	GP	1911–1997	1	17
		1998–2003	2	18
Nassereith	GP	1878–2003	1	19
Obergurgl	GP	1959–1985	1	20
Obermieming	GP	1898–1938	1	21
		1938–2001	2	22
Oetz	GP	1901–1970	1	23
		1971–2003	2	24
Roppen	GP	1938–1964	1	25
Silz	GP	1850–2004	1	26
Sölden	GP	1894–1998	1	27
		1999–2003	2	28
St. Leonhard i. P.	GP	1931–1872	1	29
Umhausen	GP	1875–1972	1	30
Wenns	GP	1955–2003	1	31

Anmerkung:
Für den Chronik-Bereich des Bezirkes Imst existiert folgende Beilage:
– GP Längenfeld: Fotodokumentation (20. Jahrhundert).

8.5.4 Bezirk Innsbruck-Land

Dienststellen	Bezeichnung	Jahre	Bd.	Lfd. Nr.
Bezirk Innsbruck-Land				
Absam	GP	1918–1926	1	32
		1958–1974	2	33
Axams	GP	1908–1996	1	34
		1997–2003	2	35
Fulpmes	GP	1905–1970	1	38
		1970–1989	2	39

Dienststellen	Bezeichnung	Jahre	Bd.	Lfd. Nr.
Fulpmes	GP	1989–2003	3	40
Gries am Brenner	GP	1937–1999	1	41
		2000–2003	2	42
Hall in Tirol	Bahnhof	1948–1954	1	43
	GP	1851–1957	1	44
		1858–1975	2	45
		1975–2003	3	46
Hötting	GP	1936–1938	1	47
Inzing	GP	1936–1965	1	48
Kematen	GP	1900–1992	1	49
		1993–2003	2	50
Lans	GP	1934–1983	1	51
		1984–2003	2	52
Leutschach	GP	1918–1962	1	53
		1963–1976	2	54
Matrei am Brenner	GP	1903–1998	1	55
		1999–2003	2	56
Mutters	GP	1903–1988	1	57
		1989–2004	2	58
Neustift i. St.	GP	1942–1986	1	59
		1987–2003	2	60
Patsch-Igls	GP	1864–1968	1	61
Pfaffenhofen	GP	1941–1957	1	62
Rinn	GP	1918–1965	1	63
Rum	GP	1905–1970	1	64
		1970–1989	2	65
		1989–2003	3	66
Scharnitz	GP	1911–1997	1	67
Schönberg i. St.	GP	1904–2003	1	68
	Autobahndienststelle	1967–2003	1	69

Dienststellen	Bezeichnung	Jahre	Bd.	Lfd. Nr.
Seefeld	GP	1869–1927	1	70
		1869–1985	2	71
		1986–1999	3	72
		2002–2002	4	73
Steinach	GP	1851–2002	1	74
Telfs	GP	1887–1937	1	75
		1938–1958	2	76
		1959–1969	3	77
		1970–1990	4	78
		1991–2003	5	79
Volders	GP	1936–1970	1	80
Wattens	GP	1883–1966	1	81
		1967–2000	2	82
Weer	GP	1919–1948	1	83
		1949–1963	2	84
Zirl	GP	1876–1989	1	85
		1990–2002	2	86

Anmerkung: Für den Chronik-Bereich des Bezirkes Innsbruck-Land existieren folgende Beilagen:
– Aufzeichnung Kommandanten und Postenmannschaft GP Axams (1877–1907),
– Gendarmerieposten Telfs: Festschrift, 2 Stationsdienstbücher (1938–1939; 1939–1940), 2 Visitierungsbücher (1902–1926; 1926–1962), Verzeichnis der Postenkommandanten (1917).

8.5.5 Bezirk Kitzbühel

Dienststellen	Bezeichnung	Jahre	Bd.	Lfd. Nr.
Bezirk Kitzbühel				
Brixen i. Th.	GP	1953–1997	1	87
Erpfendorf-Kirchdorf	GP	1906–2004	1	88
Fieberbrunn	GP	1893–1954	1	89
		1954–1994	2	90
		1995–2004	3	91

Dienststellen	Bezeichnung	Jahre	Bd.	Lfd. Nr.
Hopfgarten	GP	1873–1972	1	92
		1973–2004	2	93
Jochberg	GP	1919–1952	1	94
		1953–1993	2	95
		1983–1995	3	96
		1996–2004	4	97
Kirchberg	GP	1896–1987	1	98
		1987–2004	2	99
Kitzbühel	BGK	1949–1956	1	100
		1956–1957	2	101
		1957–1973	3	102
		1974–2004	4	103
	GP	1862–1954	1	104
		1954–1965	2	105
		1965–1974	3	106
		1975–1978	4	107
		1978–1980	5	108
		1979–1980	6	109
		1980–1982	7	110
		1982–1984	8	111
		1984–1985	9	112
		1985–1986	10	113
		1985–1987	11	114
		1987–1988	12	115
		1988–1990	13	116
		1991–1994	14	117
		1994–2003	15	118
		2004–2004	16	119
Kössen	GP	1879–1967	1	120
		1968–1990	2	121
		1990–2000	3	122
		2001–2004	4	123
Oberau	GP	1945–2004	1	124

Dienststellen	Bezeichnung	Jahre	Bd.	Lfd. Nr.
Westendorf	GP	1911–1965	1	125
		1997–2004	2	126
		2004–2004	3	127
St. Johann i. T.	GP	1878–1973	1	128
		1974–2000	2	129

8.5.6 Bezirk Kufstein

Dienststellen	Bezeichnung	Jahre	Bd.	Lfd. Nr.
Bezirk Kufstein				
Brandenberg	GP	1954–1963	1	130
Brixlegg	GP	1933–1964	1	131
Ellmau	GP	1920–1961	1	132
		1930–1963	2	133
Kirchbichl	GP	1906–1978	1	134
		1916–1943	2	135
		1979–2004	3	136
Kufstein	Grenzstelle	1948–1968	1	137
	Bahnhof	1947–1952	1	138
	GP	1850–1934	1	139
		1934–1953	2	140
		1954–1965	3	141
		1966–1984	4	142
		1985–2003	5	143
Kundl	GP	1901–1974	1	144
		1975–2004	2	145
Rattenberg	GP	1850–1962	1	146
		1963–2004	2	147
Reith i. A.	GP	1941–1988	1	148
Söll	GP	1883–1991	1	149
		1992–2004	2	150
Thiersee	GP	1897–1969	1	151
		1970–2001	2	152

Dienststellen	Bezeichnung	Jahre	Bd.	Lfd. Nr.
Unterangerberg	GP	1947–1963	1	153
Walchsee	GP	1918–1933	1	154
		1934–1960	2	155
		1960–1972	3	156
Wörgl	GP	1858–1947	1	157
		1948–1951	2	158
		1951–1959	3	159
		1960–1967	4	160
		1967–1977	5	161
		1977–1984	6	162
		1984–1994	7	163

8.5.7 Bezirk Landeck

Dienststellen	Bezeichnung	Jahre	Bd.	Lfd. Nr.
Bezirk Landeck				
Feichten	GP	1958–1965	1	164
Fließ	GP	1953–1956	1	165
		1956–1990	2	166
Flirsch	GP	1906–2001	1	167
Galtür	GP	1943–1973	1	168
Ischgl	GP	1876–1957	1	169
		1957–2003	2	170
Kappl	GP	1901–1965	1	171
		1965–2003	2	172
Landeck	GP	1877–1953	1	173
		1996–2003	2	174
Nauters	GP	1876–1984	1	175
		1985–2003	2	176
Pfunds	GP	1877–1979	1	177
		1979–1979	2	178
Pians	GP	1908–1990	1	179
Ried i. O.	GP	1850–2003	1	180

Dienststellen	Bezeichnung	Jahre	Bd.	Lfd. Nr.
Schönwies	GP	1951–1990	1	181
St. Anton a. A.	GP	1877–2003	1	182
Stanzach	GP	1921–1945	1	183
		1946–1968	2	184
Zams	GP	1911–1968	1	185
		1968–1974	2	186

8.5.8 Bezirk Lienz

Dienststellen	Bezeichnung	Jahre	Bd.	Lfd. Nr.
Bezirk Lienz				
Abfaltersbach	GP	1919–1935	1	187
Ainet	GP	1909–1973	1	188
Dölsach	GP	1894–1933	1	189
		1933–1962	2	190
		1963–1994	3	191
Huben	GP	1894–1993	1	192
		1994–2004	2	193
Innvervillgraten	GP	1917–1949	1	194
		1950–1962	2	195
Kartitsch	GP	1908–1971	1	196
Lienz	BGK	1918–1959	1	197
		1959–2004	2	198
	GP	1851–2004	1	199
Matrei in Osttirol	GP	1879–1990	1	200
		1991–2004	2	201
Mittewald	GP	1882–1943	1	202
		1935–1998	2	203
Nikolsdorf	GP	1877–1963	1	204
Obertilliach	GP	1879–1966	1	205
		1967–2001	2	206
Sillian	GP	1914–1962	1	207
		1962–1989	2	208
		1991–2004	3	209

Dienststellen	Bezeichnung	Jahre	Bd.	Lfd. Nr.
St. Jakob i. D.	GP	1991–2004	1	210
St. Veit i. D.	GP	1901–1990	1	211
Virgen	GP	1923–1937	1	212

Anmerkung: Für den Chronik-Bereich des Bezirkes Lienz existieren folgende Beilagen:
– Aufzeichnung zur Hochwasserkatastrophe BGK Lienz (1866),
– Bildbeilagen des BGK Lienz.

8.5.9 Bezirk Reutte

Dienststellen	Bezeichnung	Jahre	Bd.	Lfd. Nr.
Bezirk Reutte				
Bichlbach	GP	1907–2002	1	213
Ehrwald	GP	1947–1973	1	214
Ehrwald-Schranz	GP	1952–1959	1	215
Elbigenalp	GP	1962–2001	1	216
Grän	GP	1979–1998	1	217
		1999–2003	2	218
Häselgehr	GP	1918–1951	1	219
		1951–2000	2	220
Hinterriss	GP	1920–1961	1	221
		1958–1973	2	222
Holzgau	GP	1895–1969	1	223
Lermoos	GP	1881–2003	1	224
Reutte	GP	1850–1977	1	225
		1977–2003	2	226
Reutte-Bichlbach	Verkehrsabteilung	1968–2000	1	227
Vils	GP	1902–2003	1	228
Weißenbach a. L.	GP	1847–1954	1	229
		1955–2001	2	230

8.5.10 Bezirk Schwaz

Dienststellen	Bezeichnung	Jahre	Bd.	lfd. Nr.
Bezirk Schwaz				
Achenkirch	GP	1896–2003	1	231
Fügen	GP	1850–1950	1	232
		1950–1977	2	233
Gerlos	GP	1919–1957	1	234
		1959–1973	2	235
Jenbach	GP	1877–1987	1	236
		1987–2003	2	237
Lanersbach	GP	1927–1973	1	238
Maurach a. A.	GP	1911–1977	1	239
Mayrhofen	GP	1878–1933	1	240
		1933–1961	2	241
		1962–2003	3	242
Ried i. Z.	GP	1969–2004	1	243
Schwaz	GAK Wörgl/ Kramsach	1960–1978	1	244
		1978–1988	2	245
		1988–1993	3	246
	BGK	1850–1931	1	247
		1950–1985	2	248
		1985–2004	3	249
	GP	1850–1971	1	250
		1938–1972	2	251
		1972–2003	3	252
Strass	GP	1946–1999	1	253
		1946–2004	2	254
Zell a. Z.	GP	1871–1951	1	255
		1952–1988	2	256
		1989–2003	3	257

8.5.11 Zusammenfassung

Im Bereich des LGK Tirol sind insgesamt 257 **Gendarmerie-Chroniken** existent. Diese teilen sich hinsichtlich der Organisationseinheiten und Dienststellen wie folgt auf:

ORGANISATIONSEINHEIT	GESAMT	GAK	BGK	POSTEN	SONSTIGE
LGK Tirol	7				
Bezirk Imst	24		2	21	1
Bezirk Innsbruck-Land	55			53	2
Bezirk Kitzbühel	43		4	39	
Bezirk Kufstein	34			32	2
Bezirk Landeck	23			23	
Bezirk Lienz	26		2	24	
Bezirk Reutte	18			17	1
Bezirk Schwaz	27	3	3	21	
GESAMT	257	3	11	230	6

Tab. 12: Chroniken des LGK Tirol – Gesamtübersicht (eigene Darstellung).
Ansprechpartner:
Tiroler Landesarchiv, 6020 Innsbruck, Michael-Gaismair-Straße 1
Telefon: +43 512 5083502
E-Mail: landesarchiv@tirol.gv.at

8.6 LGK BURGENLAND

8.6.1 Allgemein

Das Gebiet des heutigen Burgenlandes war bis zum Jahr 1921 Teil des Königreiches Ungarn. Die Entwicklung lief auf dem Gebiet der öffentlichen Sicherheit in Ungarn von 1850 bis 1867 mit der im heutigen Österreich fast im Gleichschritt. Auch in Ungarn traten 1850 mehrere Gendarmerie-Regimenter in Dienstwirksamkeit; dann wurde im Jahr 1867 mit dem Ausgleich die Gendarmerie in Ungarn aufgelöst. Auf dem Gebiet des heutigen Burgenlandes war die k. ungarische Gendarmerie bis zur Landnahme für den Sicherheitsdienst zuständig.[136]

---

136 Vgl. HESZTERA, Franz: Die Kommandostrukturen der Gendarmerie (wie Anm. 22), S. 39.

Im Staatsvertrag von *Saint-Germain-en-Laye* vom 10. September 1919 wurde dem neuen Staat Deutschösterreich westliche Teil der Komitate Wieselburg, Ödenburg und Eisenburg zugesprochen.[137] Nachdem das Burgenland im Jahr 1921 noch immer nicht bei Österreich war, wurde als Tag des Einmarsches der 28. August 1921 bestimmt. Als offizielle Geburtsstunde für das LGK Burgenland gilt der 21. August 1921.[138]

Aufgrund der abgeschlossenen Besetzung des Burgenlandes wird mit 1. Jänner 1922 ein provisorisches Landesgendarmeriekommando für das Burgenland errichtet, welches seinen Sitz vorläufig in Sauerbrunn (Burgenland) hat.[139]

Der Sitz des LGK für das Burgenland wurde schließlich im Jahr 1930 von Sauerbrunn nach Eisenstadt verlegt.[140]

Nachdem das LGK für das Burgenland erst mit Wirkung vom 1. Jänner 1922 zu Österreich gekommen war, erfolgte eine abgeänderte zeitliche Aufstellung der Gendarmerie-Organisation mit den Jahren 1922, 1925, 1935 und 1938:

LGK Burgenland				
Organisationseinheit	1922	1925	1935	1938
GAK	5	4	3	3
BGK	8	7	7	7
Gendarmerieposten	92	81	82	82
GESAMT	105	92	92	92

Tab. 13: Darstellung der LGK-Struktur – intern (GAK/BGK/Posten), der Jahre 1922, 1925, 1935 und 1938 (eigene Darstellung auf Grundlage der monatlichen Standesausweise des LGK für das Burgenland und der Almanache der österreichischen Bundesgendarmerie 1935 und 1938).

---

137 Vgl. StGBl. für die Republik Österreich. Staatsvertrag von Saint-Germain-en-Laye (wie Anm. 12), S. 1028–1033.
138 Vgl. BACHKÖNIG, Wolfgang: Landesgendarmeriekommando für das Burgenland. In: HÖRMANN, Fritz/HESZTERA, Gerald: Zwischen Gefahr und Berufung. Gendarmerie in Österreich. Wien 1999, S. 318–319, hier S. 318.
139 Vgl. AV-GZD, Nr. 16, Jahrgang 1921, Rubrik: verschiedene Mitteilungen: Errichtung eines provisorischen Landesgendarmeriekommandos für das Burgenland. Wien, 31. Dezember 1921, S. 105.
140 Vgl. AV-GZD, Nr. 4, Jahrgang 1930, Rubrik: verschiedene Mitteilungen: Verlegung von Dienststellen (Bundesministerium für Inneres, Nr. 126590-10 vom 18. März 1930). Wien, 31. März 1930, S. 15.

Das ehemals österreichische Bundesland Burgenland wurde durch das Gesetz über die Gebietsveränderungen im Land Österreich vom 1. Oktober 1938 aufgelöst. Von ihm fallen die Verwaltungsbezirke Eisenstadt, Mattersburg, Neusiedl am See und Oberpullendorf sowie die landesunmittelbaren Städte Eisenstadt und Rust an das ehemals österreichische Land Niederösterreich, die Verwaltungsbezirke Güssing, Jennersdorf und Oberwart an das ehemals österreichische Land Steiermark.[141]

Mit Wirkung vom 15. Oktober 1938 wurde das LGK für das Burgenland schließlich auf die Bundesländer Niederösterreich und Steiermark aufgeteilt. Die Gendarmerieposten des Südburgenlandes wurde zufolge Erlass, O. Kdo II G 3 Nr. 123/38, dem LGK für Steiermark unterstellt.[142]

Mit 1. Oktober 1945 wurde wieder ein LGK für das Burgenland mit dem Kommandositz in Eisenstadt eingerichtet.[143]

Die Anzahl von insgesamt drei GAK blieb bis zur Strukturreform 1993 bestehen und auch die Anzahl von sieben BGK veränderte sich bis zur Wachkörperreform 2005 und dem damit verbundenen Verpflichtungsende zur Führung der Chroniken nicht. Einzig bei den Gendarmerieposten war ein Rückgang von 82 (Jahr 1925) auf 67 Dienststellen zum Zeitpunkt der Wachkörperreform 2005 festzumachen.[144]

8.6.2 Bezirk Eisenstadt-Umgebung

Dienststellen	Bezeichnung	Jahre	Bd.	Lfd. Nr.
Bezirk Eisenstadt-Umgebung				
Eisenstadt	GAK	1921–1940	1	1
		1921–1978	2	2
		1979–1991	3	3

---

141 Vgl. Kundmachung des Reichsstatthalters in Österreich, wodurch das Gesetz über Gebietsveränderungen im Lande Österreich vom 1. Oktober 1938 bekanntgemacht wird. Nr. 443, Artikel I., Gebietsveränderungen, Punkt 2. In: Sonderabdruck für die Gendarmerie aus dem Gesetzblatt für das Land Österreich, Jahrgang 1938, S. 1460.
142 Vgl. AV-LGK-St, Jahrgang 1938, Nr. 10, über Standesveränderungen für den Monat Oktober 1938, Zuwachs. Graz, 31. Oktober 1938, S. 1. Vgl. dazu: GEBHARDT, Helmut: Die Gendarmerie in der Steiermark von 1850 bis heute (wie Anm. 23), S. 315 f.
143 Vgl. AV-LGK-OÖ, Jahrgang 1945, Nr. 12, Punkt 2, Errichtung eines Landesgendarmeriekommandos für das Burgenland. E. Nr. 2414 (I/1) - 1945. Linz, 15. Oktober 1945, S. 4.
144 Vgl. Almanach der österreichischen Bundesgendarmerie 2003/04. Wien 2003, S. 81–101.

Dienststellen	Bezeichnung	Jahre	Bd.	Lfd. Nr.
Eisenstadt	GP	1921–1975	1	4
		1976–2000	2	5
Hornstein	GP	1921–2008	1	6
Leithaprodersdorf	GP	1921–1993	1	7
Neufeld	GP	1921–2020	1	8
Purbach	GP	1921–1989	1	9
		1989–dato	2	10
Rust	GP	1921–1958	1	11
Schützen/Gebirge	GP	1954–dato	1	12
Siegendorf	GP	1921–1996	1	13
Wulkaprodersdorf	GP	1921–1972	1	14
		1973–1998	2	15
	BLZ	2000–2008	1	16
		2009–2009	2	17
		2011–2012	3	18
	FGP GREKO Klingenbach	1997–2017	1	19

Anmerkung: Die Chroniken der beiden Statutarstädte Eisenstadt und Rust wurden in die Übersicht des Bezirkes „Eisenstadt-Umgebung" inkludiert.

8.6.3 Bezirk Güssing

Dienststellen	Bezeichnung	Jahre	Bd.	Lfd. Nr.
Bezirk Güssing				
Deutsch Bieling	GP	1921–1965	1	20
Eberau	GP	1921–1996	1	21
		1996–2008	2	22
		2009–2012	3	23
Güssing	GP	1921–2005	1	24
		2005–2020	2	25
Inzenhof	GP	1921–1949	1	26
Kukmirn	GP	1921–1942	1	27
		1921–2013	2	28

Dienststellen	Bezeichnung	Jahre	Bd.	Lfd. Nr.
Luising	GP	1921–1965	1	29
Moschendorf	GP	1921–1971	1	30
Neustift bei Güssing	GP	1921–1992	1	31
Ollersdorf	GP	1921–1969	1	32
St. Michael	GP	1921–1998	1	33
		1998–2002	2	34
Stegersbach	GP	1921–2011	1	35
Strem	GP	1921–1999	1	36
		1999–2014	2	37
		2014–2020	3	38
Tobaj	GP	1955–1966	1	39

8.6.4 Bezirk Jennersdorf

Dienststellen	Bezeichnung	Jahre	Bd.	Lfd. Nr.
Bezirk Jennersdorf				
Eltendorf	GP	1921–1991	1	40
Heiligenkreuz	GP	1921–2001	1	41
		1995–dato	2	42
Jennersdorf	GP	1921–1999	1	43
		2000–2005	2	44
Königsdorf	GP	2003–dato	1	45
Mogersdorf	GÜP	1921–2011	1	46
Rudersdorf	GP	1921–2002	1	47
Moschendorf	GP	1921–1971	1	48
St. Martin a. d. Raab	GP	1921–1961	1	49

8.6.5 Bezirk Mattersburg

Dienststellen	Bezeichnung	Jahre	Bd.	Lfd. Nr.
Bezirk Mattersburg				
Draßburg	GP	1945–1971	1	50
Forchtenstein	GP	1942–2000	1	51
Mattersburg	BGK	1921–1940	1	52
	GP	1970–1974	1	53
		1975–1977	2	54
		1978–1979	3	55
		1980–1982	4	56
		1983–1987	5	57
		1988–1998	6	58
		1999–2009	7	59
		2000–2013	8	60
		1945–1993	9	61
Neudörfl	GP	1918–1990	1	62
		1959–1966	2	63
		1990–1997	3	64
		1921–2004	4	65
Pöttsching	GP	1961–1967	1	66
		1968–2009	2	67
Schattendorf	GP	1921–1987	1	68
Zemendorf	GP	1940–1990	1	69
		1990–2004	2	70

8.6.6 Bezirk Neusiedl/See

Dienststellen	Bezeichnung	Jahre	Bd.	Lfd. Nr.
Bezirk Neusiedl/See				
Andau	GP	1921–2004	1	71
Apetlon	GP	1921–2004	1	72
Bruckneudorf	GP	1921–1936	1	73
		1946–1993	2	74

Dienststellen	Bezeichnung	Jahre	Bd.	Lfd. Nr.
Deutsch Jahrndorf	GP	1922–1990	1	75
		1997–1999	2	76
Frauenkirchen	GP	1921–2020	1	77
Gattendorf	GP	1946–dato	1	78
Gols	GP	1937–1955	1	79
		1955–dato	2	80
Halbturn	GP	1921–2020	1	81
Kittsee	GP	1921–1984	1	82
		1985–2010	2	83
Neusiedl	GP	1921–2002	1	84
	BGK	1921–1974	1	85
		1975–2004	2	86
		2005–dato	3	87
Pamhagen	GP	1921–2005	1	88
Parndorf	GP	1974–dato	1	89
Podersdorf am See	GP	1957–2017	1	90

8.6.7 Bezirk Oberpullendorf

Dienststellen	Bezeichnung	Jahre	Bd.	Lfd. Nr.
Bezirk Oberpullendorf				
Deutschkreutz	GREKO	1997–2010	1	91
	GP	1945–2013	1	92
		2014–dato	2	93
Großwarasdorf	GP	1927–2002	1	94
Horitschon	GP	1921–dato	1	95
Kobersdorf	GP	1921–2004	1	96
Lackenbach	GP	1921–2014	1	97
Lockenhaus	GP	1921–2018	1	98
Lutzmannsburg	GP	1921–1998	1	99
Nikitsch	GP	1921–1993	1	100
	GÜP	1996–2003	1	101

Dienststellen	Bezeichnung	Jahre	Bd.	Lfd. Nr.
Oberpullendorf	BGK	1919–2018	1	102
	GP	1945–dato	1	103
Ritzing/Helenenschacht	GP	1948–1991	1	104

8.6.8 Bezirk Oberwart

Dienststellen	Bezeichnung	Jahre	Bd.	Lfd. Nr.
Bezirk Oberwart				
Bad Tatzmannsdorf	GP	1946–dato	1	105
Bernstein	GP	1921–dato	1	106
Großpetersdorf	GP	1921–dato	1	107
Hannersdorf	GP	1921–1966	1	108
Kohfidisch	GP	1921–2014	1	109
Litzelsdorf	GP	1921–2012	1	110
Oberschützen	GP	1921–1992	1	111
Oberwart	BGK	1922–1985	1	112
		1986–dato	2	113
	GAK	1921–1993	1	114
	GP	1921–1988	1	115
		1989–dato	2	116
Pinkafeld	GP	1921–1984	1	117
		1985–2015	2	118
		2016–dato	3	119
Rechnitz	GP	1921–dato	1	120
Schachendorf	GP	1921–2002	1	121
		1997–dato	2	122
Stadtschlaining	GP	1921–2002	1	123
Unterkohlstätten	GP	1930–1957	1	124

8.6.9 Zusammenfassung

Im Bereich des LGK Burgenland sind insgesamt 124 Gendarmerie-Chroniken existent. Diese teilen sich hinsichtlich der Organisationseinheiten und Dienststellen wie folgt auf:

ORGANISATIONSEINHEIT	GESAMT	GAK	BGK	POSTEN	SONSTIGE
LGK Burgenland					
Bezirk Eisenstadt-Umgebung	19	3		15	1
Bezirk Güssing	20			20	
Bezirk Jennersdorf	10			9	1
Bezirk Mattersburg	21		1	20	
Bezirk Neusiedl am See	20		3	17	
Bezirk Oberpullendorf	14		1	11	2
Bezirk Oberwart	20	1	2	17	
GESAMT	124	4	7	109	4

Tab. 14: Chroniken des LGK Burgenland – Gesamtübersicht (eigene Darstellung).

8.7 LGK SALZBURG

8.7.1 Allgemein

Als mit kaiserlicher Entschließung vom 8. Juni 1849 die Gendarmerie als Sicherheitsexekutive gegründet wurde, war von insgesamt 16 Gendarmerie-Regimentern das Regiment Nr. 1 für Niederösterreich, Oberösterreich und Salzburg bestimmt; der Flügel Nr. 7 bekam mit Befehl vom 24. Mai 1850 die Weisung, nach Salzburg abzugehen, und traf dort am 31. Mai 1850 ein.[145]

Am 1. Mai 1866 erfolgte die Umbenennung der Regimenter in Landesgendarmerie-kommanden und am 1. Jänner 1874 kam es zur Neueinteilung der Kommanden; Salzburg erhielt ein eigenen LGK mit Sitz in Salzburg und fungierte ab diesem Zeitpunkt als k. k. Landesgendarmeriekommando Nr. 11.[146] Im Jahr 1899 unterstanden dem GAK Nr. 1 in Salzburg die BGK Salzburg, Hallein, St. Johann, Tamsweg und Zell am See. Mit Wirkung vom 1.10.1902 kam es im LGK Salzburg zur Errichtung eines zweiten GAK. Das GAK Nr. 2 – dem die BGK St. Johann und Zell am See unterstellt waren – wurde gleichfalls in Salzburg stationiert. Diese organisatorische Einteilung blieb bis zum Ersten Weltkrieg unverändert.[147]

---

145 Vgl. HOFMANN, Harald/HÖRMANN, Fritz: Landesgendarmeriekommando für Salzburg. In: HÖRMANN, Fritz/HESZTERA, Gerald: Zwischen Gefahr und Berufung. Gendarmerie in Österreich. Wien 1999, S. 432-433, hier S. 432.
146 Ebd., S. 432.
147 Vgl. HESZTERA, Franz: Die Kommandostrukturen der Gendarmerie (wie Anm. 22), S. 109.

Für den Beginn des chronikrelevanten Zeitraumes von Juli 1914 (Anordnung zur Führung der Postenchroniken) bis zum Dezember 1923 (Anordnung zur Führung von LGK-, GAK- und BGK-Chroniken) setzte sich das LGK Nr. 11 für Salzburg organisatorisch wie folgt zusammen:

LGK Nr. 11 – Salzburg				
Organisationseinheit	1914	1919	1922	1925
GAK	2	2	3	3
BGK	5	5	5	5
Gendarmerieposten	67	77	97	87
GESAMT	74	84	105	95

Tab. 15: Darstellung der LGK-Struktur – intern (GAK/BGK/Posten), der Jahre 1914, 1919, 1922 und 1925 (eigene Darstellung auf Grundlage der monatlichen Standesausweise des LGK Salzburg, des Jahrbuches für die k. k. Gendarmerie 1914 und des Jahrbuches für die Gendarmerie 1919).

Die Anzahl von insgesamt drei GAK wurde bis zur Strukturreform 1993 auf zwei verringert (GAK Hallein und GAK Zell am See), die Anzahl von fünf BGK veränderte sich bis zur Wachkörperreform 2005 und dem damit verbundenen Verpflichtungsende zur Führung der Chroniken nicht. Einzig bei den Gendarmerieposten war ein Rückgang von 87 (Jahr 1925) auf 76 Dienststellen zum Zeitpunkt der Wachkörperreform 2005 festzumachen.[148]

8.7.2 Landesgendarmeriekommando (LGK)

Dienststellen	Bezeichnung	Jahre	Bd.	Lfd. Nr.
Bundesland Salzburg				
Landesgendarmeriekommando (LGK)				
LGK	Band 1	1874–1954	1	1
LGK	Band 2	1954–1974	2	2
LGK	Band 3	1974–1980	3	3

---

148 Vgl. Almanach der österreichischen Bundesgendarmerie 2003/04. Wien 2003, S. 242–253.

8.7.3 Bezirk Hallein

Dienststellen	Bezeichnung	Jahre	Bd.	Lfd. Nr.
Bezirk Hallein				
Abtenau	GP	1904–2003	1	4
		2004–2009	2	5
Adnet	GP	1903–2004	1	6
		2004–2014	2	7
Annaberg	GP	1882–1999	1	8
		2000–2001	2	9
Golling	GP	1849–1997	1	10
		1997–2006	2	11
Hallein	BGK	1918–1964	1	12
		1965–1997	2	13
		1998–2005	3	14
	GAK	1989–1993	1	15
	GP	1986–1864	1	16
		1965–1980	2	17
		1980–1987	3	18
		1988–1996	4	19
		1997–2007	5	20
Kuchl	GP	1911–2002	1	21
Puch bei Hallein	GP	1910–1975	1	22
		1976–2002	2	23
Rußbach	GP	1918–1992	1	24
St. Koloman	GP	1911–1990	1	25

8.7.4 Bezirk Pongau

Dienststellen	Bezeichnung	Jahre	Bd.	Lfd. Nr.
Bezirk Pongau				
Altenmarkt	GP	1907–dato	1	26
Bad Gastein	GP	1877–2008	1	27

Dienststellen	Bezeichnung	Jahre	Bd.	Lfd. Nr.
Bad Hofgastein	GP	1918–1967	1	28
		1971–1976	2	29
		1977–2006	3	30
Bischofshofen	GP	1875–1966	1	31
		1967–1991	2	32
		1992–1997	3	33
		1998–2007	4	34
Dorfgastein	GP	1902–1992	1	35
Eben i. Pongau	GP	1895–1993	1	36
		2003–dato	3	37
Flachau	GP	1920–dato	1	38
Filzmoos	GP	1911–1991	1	39
Goldegg	GP	1930–1966	1	40
Großarl	GP	1875–1999	1	41
		2000–2012	2	42
Hüttau	GP	1961–1993	1	43
Mühlbach a. Hkg.	GP	1901–1968	1	44
Niedernfritz	GP	1993–2003	1	45
Pfarrwerfen	GP	1912–1990	1	46
		1990–1990	2	47
Radstadt	GP	1924–1965	1	48
		1966–2008	2	49
St. Johann i. P.	GP	1850–1977	1	50
		1978–2018	2	51
		2019 dato	3	52
St. Martin a. Tgb.	GP	1981–1993	1	53
Schwarzach	GP	1903–2012	1	54
Wagrain	GP	1878–1989	1	55
		1990–dato	2	56
Werfen	GP	1850–1969	1	57
		1907–1938	2	58
		1969–1990	3	59
		1991–2000	4	60

8.7.5 Bezirk Salzburg-Umgebung

Dienststellen	Bezeichnung	Jahre	Bd.	Lfd. Nr.
Bezirk Salzburg-Umgebung				
Anif	GP	1934–1970	1	61
		1970–dato	2	62
Anthering	GP	1878–1966	1	63
Bergheim/Itzling	GP	1903–1977	1	64
		1978–2016	2	65
		2017–dato	3	66
Ebenau	GP	1919–1966	1	67
		1967–1995	2	68
Elixhausen	GP	1919–1992	1	69
Eugendorf	GP	1954–1987	1	70
		1988–2015	2	71
		2016–dato	3	72
Faistenau	GP	1880–1991	1	73
Fuschl	GP	1938–1992	1	74
Glasenbach	GP	1906–1996	1	75
		1997–dato	2	76
Grödig	GP	1885–1970	1	77
Großgmain	GP	1914–2001	1	78
Henndorf	GP	1914–1972	1	79
		1973–2014	2	80
Hof bei Salzburg	GP	1898–1999	1	81
		2000–dato	2	82
Lamprechtshausen	GP	1945–1960	1	83
		1965–2001	2	84
Mattsee	GP	1860–2003	1	85
Maxglan	GP	1876–1939	1	86
Liefering	GP	1912–1938	1	87
Michaelbeuern	GP	1911–1967	1	88

Dienststellen	Bezeichnung	Jahre	Bd.	Lfd. Nr.
Neumarkt	GP	1914–1975	1	89
		1976–dato	2	90
Obereching	GP	1945–1991	1	91
Oberndorf	GP	1884–1992	1	92
		1993–dato	2	93
Obertrum	GP	1933–dato	1	94
Salzburg-Umgebung	BGK	1851–1951	1	95
		1952–1975	2	96
		1976–2014	3	97
		2015–dato	4	98
St. Gilgen	GP	1873–dato	1	99
Seeham	GP	1928–1964	1	100
Seekirchen	GP	1917–1993	1	101
		1994–2010	2	102
Straßwalchen	GP	1873–2019	1	103
Strobl	GP	1973–dato	1	104
Thalgau	GP	1870–2014	1	105
Wals	GP	1924–1953	1	106
		1954–2007	2	107
		2007–dato	3	108

8.7.6 Bezirk Tamsweg

Dienststellen	Bezeichnung	Jahre	Bd.	Lfd. Nr.
Bezirk Tamsweg				
Mariapfarr	GP	1911–2006	1	109
Mauterndorf	GP	1894–2007	1	110
		2008–dato	2	111
Muhr	GP	1946–1967	1	112
Obertauern	GP	1954–2004	1	113
Ramingstein	GP	1889–2001	1	114

Dienststellen	Bezeichnung	Jahre	Bd.	Lfd. Nr.
St. Michael i. L.	GP	1883–2007	1	115
Tamsweg	GP	1865–1978	1	116
		1978–2005	2	117
		2006–2011	3	118
	BGK	1849–1934	1	119
		1935–1958	2	120
		1959–1974	3	121
		1974–1983	4	122
		1984–1998	5	123
		1999–2009	6	124
Tweng	GP	1913–1923	1	125
		1936–1964	2	126
Unternberg	GP	1919–1991	1	127
Zederhaus	GP	1918–1969	1	128

8.7.7 Bezirk Zell am See

Dienststellen	Bezeichnung	Jahre	Bd.	Lfd. Nr.
Bezirk Zell am See				
Bramberg	GP	1919–1974	1	129
		1975–2002	2	130
Bruck a. d. Glstr.	GP	1983–1997	1	131
		1998–dato	2	132
Dienten	GP	1945–1961	1	133
Fusch a. d. Glstr.	GP	1919–1991	1	134
Hinterstubach	GP	1925–1929	1	135
Kaprun	GP	1929–1950	1	136
		1950–1973	2	137
		1973–1995	3	138
		1996–1999	4	139
		2000–2003	5	140

Dienststellen	Bezeichnung	Jahre	Bd.	Lfd. Nr.
Krimml	GP	1904–1970	1	141
		1971–1991	2	142
Leogang	GP	1875–2000	1	143
Lend	GP	1873–2003	1	144
Lofer	GP	1855–1960	1	145
		1961–1988	2	146
		1988–dato	3	147
Maishofen	GP	1911–1967	1	148
Maria Alm	GP	1919–2013	1	149
Neukirchen a. Großv.	GP	1875–2000	1	150
		2001–dato	2	151
Niedernsill	GP	1896–1967	1	152
Piesendorf	GP	1888–1968	1	153
Rauris	GP	1877–1987	1	154
		1988–2010	2	155
Saalbach-Hinterglemm	GP	1876–1993	1	156
		1994–dato	2	157
Saalfelden	GP	1873–1980	1	158
		1981–2000	2	159
		2001–2013	3	160
Saalfelden-Bahnhof	GP	1948–1950	1	161
Schneiderau	GP	1920–1957	1	162
Taxenbach	GP	1850–1980	1	163
		1989–2009	2	164
Unken	GP	1911–2002	1	165
Uttendorf	GP	1920–1971	1	166
		1972–2003	2	167
Weißbach	GP	1905–1967	1	168
Zell am See	GAK	1902–1939	1	169
	BGK	1920–1934	1	170
		1935–1965	2	171
		1965–1990	3	172
		1991–1995	4	173

Dienststellen	Bezeichnung	Jahre	Bd.	Lfd. Nr.
Zell am See	BGK	1995–1997	5	174
		1997–1999	6	175
	GP	1875–1976	1	176
		1977–1998	2	177
		1999–1999	3	178
		2000–2000	4	179
		2001–2001	5	180
		2002–2002	6	181
		2003–2003	7	182
		2004–2004	8	183
		2005–2005	9	184
		2006–2006	10	185
		2007–2007	11	186
		2008–2008	12	187
		2009–2009	13	188
		2010–2010	14	189
		2011–2011	15	190
		2012–2012	16	191
		2013–2013	17	192
		2014–2014	18	193
		2015–2015	19	194
		2016–2016	20	195
		2017–2017	21	196

8.7.8 Zusammenfassung

Im Bereich des LGK Salzburg sind insgesamt **196 Gendarmerie-Chroniken** existent. Diese teilen sich hinsichtlich der Organisationseinheiten und Dienststellen wie folgt auf:

Organisationseinheit	Gesamt	GAK	BGK	Posten	Sonstige
LGK Salzburg	3				
Bezirk Hallein	22	1	3	18	
Bezirk Pongau	35			35	

Organisationseinheit	Gesamt	GAK	BGK	Posten	Sonstige
Bezirk Salzburg-Umgebung	47		4	44	
Bezirk Tamsweg	20		6	14	
Bezirk Zell am See	68	1	6	61	
GESAMT	196	2	19	172	

Tab. 16: Chroniken des LGK Salzburg – Gesamtübersicht (eigene Darstellung).
Ansprechpartner:
Salzburger Landesarchiv, 5020 Salzburg, Michael-Pacher-Straße 40
Telefon: +43 662 80424527
E-Mail: landesarchiv@salzburg.gv.at

8.8 LGK KÄRNTEN

8.8.1 Allgemein

Die eigentliche Geburtsstunde des Landesgendarmeriekommandos Kärnten war der 1. Jänner 1874; mit diesem Datum wurde das Flügelkommando Klagenfurt aus dem Regiment Laibach herausgelöst und ein eigenes LGK in Klagenfurt mit der Nr. 14 errichtet.[149]

Gleichzeitig wurden die
- GAK Nr. 1 in Klagenfurt (mit den BGK Klagenfurt, St. Veit, Völkermarkt und Wolfsberg) und
- GAK Nr. 2 in Villach (mit den BGK Villach, Hermagor und Spittal) errichtet.

Mit Wirkung vom 11. März 1904 wurde in Klagenfurt ein zweites GAK errichtet und mit Wirkung vom 1. August 1911 wurde auch in Villach ein zweites GAK etabliert.[150]

---

149 Vgl. HRIBERNIGG, Reinhold: Landesgendarmeriekommando für Kärnten. In: HÖRMANN, Fritz/HESZTERA, Gerald: Zwischen Gefahr und Berufung. Gendarmerie in Österreich. Wien 1999, S. 334-335, hier S. 334.
150 Vgl. HESZTERA, Franz: Die Kommandostrukturen der Gendarmerie (wie Anm. 22), S. 55 f. Im Jahr 1919 wurde zudem ein BGK Tarvis errichtet, das dem GAK Nr. 3 in Villach unterstellt war. Zusätzlich wurden nach dem Ersten Weltkrieg im Wirkungsbereich des LGK Kärnten ein GAK und ein BGK der Bahngendarmerie sowie das BGK Feldkirchen eingerichtet.

Für den Beginn des chronikrelevanten Zeitraumes von Juli 1914 (Anordnung zur Führung der Postenchroniken) bis zum Dezember 1923 (Anordnung zur Führung von LGK-, GAK- und BGK-Chroniken) setzte sich das LGK Nr. 14 für Kärnten organisatorisch wie folgt zusammen:

LGK Nr. 14 – Kärnten				
Organisationseinheit	1914	1919	1922	1925
GAK	4	4	5	6
BGK	7	8	8	9
Gendarmerieposten	113	105	139	135
GESAMT	124	117	152	160

Tab. 17: Darstellung der LGK-Struktur – intern (GAK/BGK/Posten), der Jahre 1914, 1919, 1922 und 1925 (eigene Darstellung auf Grundlage der monatlichen Standesausweise des LGK Tirol, des Jahrbuches für die k. k. Gendarmerie 1914 und des Jahrbuches für die Gendarmerie 1919).

Bereits im Jahr 1935 bestanden im Bereich des LGK Kärnten wiederum vier GAK (Nr. 1 Klagenfurt, Nr. 2 Völkermarkt, Nr. 3 Villach und Nr. 4 Spittal an der Drau). Diese Anzahl von insgesamt vier GAK blieb bis zur Strukturreform 1993 identisch (auch hinsichtlich der Standorte) und auch die Anzahl von acht BGK veränderte sich gegenüber dem Zeitraum der 1920er-Jahre bis zur Wachkörperreform 2005 und dem damit verbundenen Verpflichtungsende zur Führung der Chroniken nicht. Einzig bei den Gendarmerieposten war ein Rückgang von 135 (Jahr 1925) auf 91 Dienststellen zum Zeitpunkt der Wachkörperreform 2005 festzumachen.[151]

8.8.2 Landesgendarmeriekommando (LGK)

Dienststellen	Bezeichnung	Jahre	Bd.	Lfd. Nr.
Bundesland Kärnten				
LGK – inkl. LVA und API				
LGK	Band 1	1849–1918	1	1
LGK	Band 2	1919–1945	2	2
LGK	Band 3	1945–1951	3	3

---

[151] Vgl. Almanach der österreichischen Bundesgendarmerie 2003/04. Wien 2003, S. 108–128.

Dienststellen	Bezeichnung	Jahre	Bd.	Lfd. Nr.
LGK	Band 4	1952–1960	4	4
LGK	Band 5	1961–1966	5	5
LGK	Band 6	1967–1972	6	6
LGK	Band 7	1973–1981	7	7
Villach	API	1973–1987	1	8
Spittal a. d. Drau	API	1973–2007	1	9
		2019–dato	2	10
LVA		1975–1985	1	11

Anmerkung: Für den Chronik-Bereich des LGK Kärnten existieren folgende Beilagen:
- 1 Visitierungsbefund der API Wolfsberg (1982–2021),
- 2 Visitierungsbefunde der API Spittal an der Drau (1973–1994, 1995–dato).

8.8.3 Bezirk Feldkirchen

Dienststellen	Bezeichnung	Jahre	Bd.	Lfd. Nr.
Bezirk Feldkirchen				
Feldkirchen	BGK	1918–1932	1	12
		1932–1956	2	13
		1956–1978	3	14
		1979–1999	4	15
Glanegg	GP	1915–1969	1	16
		1969–1997	2	17
		1997–2006	3	18
Gnesau	GP	1919–1951	1	19
		1951–1964	2	20
Osiach	GP	1934–1951	1	21
Patergassen	GP	1875–1967	1	22
		1968–2004	2	23
		2004–2005	3	24
Steindorf/Bodensdorf	GP	1911–1968	1	25
		1969–2004	2	26
St. Urban	GP	1923–1936	1	27

Anmerkung: Für den Chronik-Bereich des Bezirkes Feldkirchen existieren folgende Beilagen:

- 2 Visitierungsbücher des GP Feldkirchen (1918–1978; 1979–2001),
- 1 Visitierungsbuch des GP Gnesau (1919–1963).

8.8.4 Bezirk Hermagor

Dienststellen	Bezeichnung	Jahre	Bd.	Lfd. Nr.
Bezirk Hermagor				
Birnbaum	GP	1946–1972	1	28
Dellach im Gailtal	GP	1901–1966	1	29
Hermagor	BGK	1914–1955	1	30
		1956–1984	2	31
	GP	1914–1965	1	32
		1966–1988	2	33
		1989–2002	3	34
Kirchbach	GP	1875–1986	1	35
		1987–2006	2	36
Kötschach-Mauthen	GP	1971–1992	1	37
		1993–2006	2	38
Liesing	GP	1906–1984	1	39
		1985–2003	2	40
Maria Luggau	GP	1881–1972	1	41
Mauthen	GP	1914–1970	1	42
Naßfeld	GREKO	1959–1967	1	43
Plöckenpass	GREKO	1926–1967	1	44
Rattendorf	GP	1901–1981	1	45
		1982–1996	2	46
St. Lorenzen/Lesachtal	GP	1940–1958	1	47
		1959–1966	2	48
St. Stefan/Gail	GP	1888–1925	1	49
		1923–1945	2	50
Weißbriach	GP	1938–1961	1	51
		1962–1987	3	52
		1988–2008	3	53

Anmerkung: Die beiden Chroniken des GP St. Stefan/Gail (Nr. 49 und 50) sind digital vorhanden (die Originalchroniken sind nicht mehr existent).

8.8.5 Bezirk Klagenfurt-Land

Dienststellen	Bezeichnung	Jahre	Bd.	Lfd. Nr.
Bezirk Klagenfurt-Land				
Annabichl	GP	1913–1938	1	54
Ebenthal	GP	1920–2004	1	55
Ferlach	GP	1920–1956	1	56
		1957–1985	2	57
		1986–2004	3	58
		2005–2007	4	59
Feistritz im Rosental	GP	1901–1991	1	60
		1992–2006	2	61
Grafenstein	GP	1879–1964	1	62
		1965–1992	2	63
Klagenfurt-Land	BGK	1956–1980	1	64
		1981–2000	2	65
		2001–2002	3	66
Köttmannsdorf	GP	1919–1957	1	67
		1958–1973	2	68
Krumpendorf	GP	1898–1980	1	69
		1980–2005	2	70
Lambichl	GP	1973–2000	1	71
		1976–2005	2	72
		2001–2004	3	73
Loibl	GÜP	1996–2002	1	74
Maria Rain	GP	1849–1973	1	75
Maria Saal	GP	1897–1968	1	76
		1969–1986	2	77
		1987–2001	3	78
		2002–2005	4	79
Moosburg	GP	1919–1971	1	80
		1979–2003	2	81
Pischelsdorf	GP	1913–1993	1	82
		1994–2004	2	83

142 | Gendarmerie-Chroniken – besonderer Teil 1850–2005

DIENSTSTELLEN	BEZEICHNUNG	JAHRE	BD.	LFD. NR.
Pörtschach	GP	1883–1968	1	84
		1969–1989	2	85
		1990–2004	3	86
Reifnitz/Wörthersee	GP	1883–1955	1	87
		1956–1993	2	88
		1994–2005	3	89
Schiefling/Wörthersee	GP	1906–1985	1	90
		1988–2000	2	91
St. Margareten im Rosental	GP	1919–1967	1	92
Strau		1920–1953	1	93
Viktring	GP	1919–1959	1	94
		1960–1972	2	95
Windisch Bleiberg	GP	1945–1967	1	96
Waidisch	GP	1919–1966	1	97
Zell-Pfarre	GP	1925–1991	1	98
		1991–2002	2	99

Anmerkung: Für den Chronik-Bereich des Bezirkes Klagenfurt-Land existiert folgende Beilage:
– 1 Visitierungsbuch des BGK Klagenfurt (1921–1998).

8.8.6 Bezirk Spittal an der Drau

DIENSTSTELLEN	BEZEICHNUNG	JAHRE	BD.	LFD. NR.
Bezirk Spittal an der Drau				
Bad Kleinkirchheim	GP	1973–2009	1	100
		1920–1972	2	101
		2010–dato	3	102
Dellach	GP	1966–1988	1	103
		1914–1965	2	104
		1989–2002	3	105
Eisentratten	GP	1910–1974	1	106
Gmünd	GP	1850–1965	1	107
		1966–1984	2	108

Dienststellen	Bezeichnung	Jahre	Bd.	Lfd. Nr.
Gmünd	GP	1985–dato	3	109
Greifenburg	GP	1870–1960	1	110
		1961–1989	2	111
		1990–2015	3	112
		2016–dato	4	113
Heiligenblut	GP	1920–1950	1	114
		1951–1977	2	115
		1978–2008	3	116
		2009–dato	4	117
Irschen	GP	1936–1965	1	118
Kolbnitz	GP	1904–1983	1	119
		1984–2001	2	120
		2002–2014	3	121
Lendorf	GP	1941–1962	1	122
Mallnitz	GP	1904–1956	1	123
		1957–1974	2	124
		1975–1993	3	125
		1994–2014	4	126
Millstatt	GP	1973–2020	1	127
Möllbrücke	GP	1927–1969	1	128
		1970–2005	2	129
Oberdrauburg	GP	1870–1975	1	130
		1975–1983	2	131
		1984–2020	3	132
Obervellach	GP	1851–1962	1	133
		1963–1984	2	134
		1984–2004	3	135
		2005–dato	4	136
Radenthein	GP	1894–1965	1	137
		1966–1995	2	138
		1996–2019	3	139
Rennweg am Katschberg	GP	1875–1905	1	140
		1905–1954	2	141

Dienststellen	Bezeichnung	Jahre	Bd.	Lfd. Nr.
Rennweg am Katschberg	GP	1954–1961	3	142
		1961–1971	4	143
		1971–2021	5	144
Rothenthurn	GP	1944–1959	1	145
		2002–2014	2	146
Sachsenburg	GP	1871–1905	1	147
Seeboden	GP	1919–1953	1	148
		1954–1978	2	149
		1979–2003	3	150
		2004–dato	4	151
Spittal an der Drau	GAK	1918–1962	1	152
		1963–1993	2	153
	BGK	1918–1955	1	154
		1956–1970	2	155
		1971–1981	3	156
		1982–1998	4	157
		1999–2014	5	158
		2014–dato	6	159
	GP	1871–1954	1	160
		1955–1972	2	161
		1973–2003	3	162
		2004–2016	4	163
		2016–dato	5	164
Stall im Mölltal	GP	1965–1988	1	165
		1989–2014	2	166
Steinfeld	GP	1917–1975	1	167
		1976–2003	2	168
		2004–dato	3	169
Weißensee	GP	1903–1961	1	170
		1962–1988	2	171
		1988–2014	3	172
Winklern	GP	1850–1979	1	173
		1980–2004	2	174
		2004–dato	3	175

8.8.7 Bezirk St. Veit an der Glan

Dienststellen	Bezeichnung	Jahre	Bd.	Lfd. Nr.
Bezirk St. Veit an der Glan				
Althofen	GP	1850–1970	1	176
		1971–1988	2	177
		1989–2004	3	178
Brückl	GP	1898–1989	1	179
		1990–2004	2	180
Glödnitz	GP	1907–1971	1	181
Gurk	GP	1850–1994	1	182
Guttaring	GP	1907–1967	1	183
Friesach	GP	1919–1963	1	184
		1966–1991	2	185
		1992–2005	3	186
Kraig	GP	1891–1967	1	187
Launsdorf	GP	1902–1970	1	188
		1971–1998	2	189
		1999–2005	3	190
Metnitz	GP	1973–2005	1	191
Straßburg	GP	1934–2004	1	192
Weitersfeld	GP	1920–1971	1	193
		1972–2005	2	194
St. Veit an der Glan	BGK	1850–1942	1	195
		1943–1967	2	196
		1968–2005	1	197
	GP	1848–1964	1	198
		1965–1987	2	199
		1988–2004	3	200

Anmerkung: Der im Jahr 1964 aufgelassene GP St. Salvator wurde in der Chronik des GP Friesach mitgeführt (Nr. 184–186).

8.8.8 Bezirk Villach

Dienststellen	Bezeichnung	Jahre	Bd.	Lfd. Nr.
Bezirk Villach				
Afritz	GP	1875–1964	1	201
		1989–dato	2	202
Feld am See	GP	1964–1989	1	203
Arriach	GP	1921–1994	1	204
Arnoldstein	GP	1876–1950	1	205
		1951–1982	2	206
		1983–2005	3	207
Bad Bleiberg	GP	1876–1966	1	208
		1967–1999	2	209
		2000–2008	3	210
Drobollach	GP	1965–1972	1	211
Faak am See	GP	1920–1979	1	212
		1980–dato	2	213
Fefferitz	GP	1945–1952	1	214
Feistritz an der Drau	GP	1955–1985	1	215
		1986–2002	2	216
		2003–2005	3	217
Latschach	GP	1914–1919	1	218
Mallestig	GP	1893–1912	1	219
		1919–1920	2	220
Maria Elend	GP	1943–1952	1	221
		1963–1977	2	222
Nötsch	GP	1872–1968	1	223
		1971–1995	2	224
		1996–2014	3	225
Paternion	GP	1850–1978	1	226
		1979–2011	2	227
Riegersdorf	GP	1942–1965	1	228
		1965–1980	2	229
Rosegg	GP	1873–1959	1	230
		1960–1986	2	231

Dienststellen	Bezeichnung	Jahre	Bd.	Lfd. Nr.
Rosegg	GP	1987–2000	3	232
Rosenbach	GP	1950–1962	1	233
Sattendorf	GP	1901–1960	1	234
		1961–1997	2	235
		1998–2005	3	236
St. Jakob im Rosental	GP	1937–1977	1	237
		1978–1996	2	238
		1997–2007	3	239
Stadelbach	GP	1972–1997	1	240
St. Stefan	GP	1912–1914	1	241
Thörl-Maglern	GP	1961–1994	1	242
		1995–2001	2	243
Velden	GP	1886–1953	1	244
		1954–1973	2	245
		1974–1992	3	246
		1993–2005	4	247
Villach	GAK	1951–1974	1	248
		1975–1992	2	249
		1954–1990	3	250
	BGK	1991–2005	1	251
Wernberg	GP	1915–1985	1	252
		1986–2005	2	253
Wurzenpass	GREKO	1947–1955	1	254
		1995–2006	2	255
Weißenstein	GP	1998–2006	1	256
		2007–2009	2	257

8.8.9 Bezirk Völkermarkt

Dienststellen	Bezeichnung	Jahre	Bd.	Lfd. Nr.
Bezirk Völkermarkt				
Bad Eisenkappel	GP	1903–1944	1	258
		1984–2005	2	259

Dienststellen	Bezeichnung	Jahre	Bd.	Lfd. Nr.
Bad Eisenkappel	GÜP	1996–2001	1	260
Bad Vellach	GP	1920–1965	1	261
Bleiburg	GP	1850–1961	1	262
		1962–1986	2	263
		1987–1998	3	264
Diex	GP	1962–1972	1	265
Eberndorf	GP	1978–2004	1	266
Gallizien	GP	1929–1945	1	267
		1946–1968	2	268
		1969–2005	3	269
Globasnitz	GP	1924–1969	1	270
		1970–2003	2	271
Grablach	GP	1955–1967	1	272
Griffen	GP	1875–1959	1	273
		1960–1983	2	274
		1984–2004	3	275
Kühnsdorf	GP	1927–1931	1	276
		1933–1959	2	277
		1959–1976	3	278
		1977–1992	4	279
Leifling	GP	1887–1922	1	280
Loibach	GP	1920–1966	1	281
Miklauzhof	GP	1945–1965	1	282
Mittertrixen	GP	1927–1966	1	283
Neuhaus	GP	1922–1992	1	284
Ruden	GP	1945–1980	1	285
		1981–2004	2	286
St. Kanzian	GP	1993–2002	1	287
St. Michael ob Bleiburg	GP	1921–1953	1	288
		1993–2001	2	289
Völkermarkt	GAK	1980–1992	1	290
	BGK	1952–1974	1	291
		1974–1989	2	292

Dienststellen	Bezeichnung	Jahre	Bd.	Lfd. Nr.
Völkermarkt	BGK	1980–1992	3	293
		1989–2001	4	294
	GP	1918–1966	1	295
		1967–1986	2	296
		1987–1997	3	297
		1998–2004	4	298

8.8.10 Bezirk Wolfsberg

Dienststellen	Bezeichnung	Jahre	Bd.	Lfd. Nr.
Bezirk Wolfsberg				
Ettendorf	GP	1914–1964	1	299
Lavamünd	GP	1945–1992	1	300
		1993–2005	2	301
Maria Rojach	GP	1914–1973	1	302
Preitenegg	GP	1876–1957	1	303
		1958–1998	2	304
Rabenstein	GP	1947–1954	1	305
Reichenfels	GP	1901–1989	1	306
		1990–2014	2	307
St. Andrä	GP	1875–1957	1	308
		1987–2005	2	309
St. Gertraud	GP	1924–1981	1	310
		1981–2005	2	311
St. Paul	GP	1851–1990	1	312
		1991–2005	2	313
St. Stefan	GP	1919–1955	1	314
		1956–1970	2	315
		1971–1988	3	316
		1989–2003	4	317
		2004–2008	5	318
Twimberg	GP	1914–1966	1	319
Wolfsberg	GP	1906–1960	1	320

Dienststellen	Bezeichnung	Jahre	Bd.	Lfd. Nr.
Wolfsberg	GP	1926–1964	2	321
		1961–1995	3	322
		1996–2004	4	323
		2005–2005	5	324
	GAK	1848–1964	1	325
		1965–1987	2	326
		1988–2004	3	327

8.8.11 Zusammenfassung

Im Bereich des LGK Kärnten sind insgesamt 327 Gendarmerie-Chroniken existent. Diese teilen sich hinsichtlich der Organisationseinheiten und Dienststellen wie folgt auf:

Organisationseinheit	Gesamt	GAK	BGK	Posten	Sonstige
LGK Kärnten	11				
Bezirk Feldkirchen	16		4	12	
Bezirk Hermagor	26		2	22	2
Bezirk Klagenfurt-Land	46		3	42	1
Bezirk Spittal a. d. Drau	76	2	6	68	
Bezirk St. Veit a. d. Glan	25		3	22	
Bezirk Villach	57	3	1	51	2
Bezirk Völkermarkt	41	1	4	35	1
Bezirk Wolfsberg	29	3		26	
GESAMT	327	9	23	278	6

Tab. 18: Chroniken des LGK Kärnten – Gesamtübersicht (eigene Darstellung).
Ansprechpartner:
Kärntner Landesarchiv, 9020 Klagenfurt, Sankt Ruprechter Straße 7
Telefon: +43 463 562340
E-Mail: landesarchiv@ktn.gv.at

8.9 LGK NIEDERÖSTERREICH

8.9.1 Allgemein

Unmittelbar nach Gründung der Gendarmerie im Jahr 1849 begannen auch die Aufbauarbeiten in Niederösterreich; dem Gendarmerie-Regiment Nr. 1 mit seinem Stab in Wien waren bis 31. August 1860 alle Gendarmeriedienststellen in Wien, Nieder- und Oberösterreich sowie in Salzburg unterstellt. Ab 1. Mai 1866 wurden die Regimenter in Landesgendarmeriekommanden (LGK) umbenannt; das Gendarmerie-Regiment Nr. 1 hieß nun LGK Nr. 1, das mit gleichem Datum die Gendarmeriedienststellen in Kärnten und in der Steiermark abgab.[152]

Mit Wirkung vom 1.1.1874 erhielten auch die Länder Oberösterreich und Salzburg eigene LGK. Gleichzeitig wurden in Niederösterreich – durch die organisatorische Umwandlung der Flügel und Züge in Abteilungskommanden – insgesamt vier GAK (Nr. 1–4) etabliert; die Anzahl der GAK wurde bis zum Jahr 1919 auf insgesamt zehn GAK aufgestockt. Im LGK Wien gab es daher 1919 folgende GAK (mit dem Zeitpunkt ihrer Errichtung):[153]

1. GAK Nr. 1 Wien
2. GAK Nr. 2 Wien
3. GAK Nr. 3 Krems
4. GAK Nr. 4 St. Pölten
5. GAK Nr. 5 Wiener Neustadt (1.5.1885)
6. GAK Nr. 6 Korneuburg (1.11.1894)
7. GAK Nr. 7 Mistelbach (1899)
8. GAK Nr. 8 Amstetten (1901)[154]
9. GAK Nr. 9 Mödling (1905)
10. GAK Nr. 10 Gmünd (1.11.1909)

---

152 Vgl. MALLI, Rupert: Landesgendarmeriekommando für Niederösterreich. In: HÖRMANN, Fritz/HESZTERA, Gerald: Zwischen Gefahr und Berufung. Gendarmerie in Österreich. Wien 1999, S. 352-353, hier S. 352.
153 Vgl. HESZTERA, Franz: Die Kommandostrukturen der Gendarmerie (wie Anm. 22), S. 72–77.
154 Vgl. AV-GZD, Nr. 6, Jahrgang 1923, Rubrik: verschiedene Mitteilungen. Verlegung eines Abteilungskommandos. Im Bereich des LGK für Niederösterreich von Amstetten nach Melk (Nr. 267796 vom 6. Juni 1923). Wien, 28. Juni 1923, S. 38.

Für den Beginn des chronikrelevanten Zeitraumes von Juli 1914 (Anordnung zur Führung der Postenchroniken) bis zum Dezember 1923 (Anordnung zur Führung von LGK-, GAK- und BGK-Chroniken) setzte sich das LGK Nr. 1 für Niederösterreich organisatorisch wie folgt zusammen:

LGK NR. 1 – NIEDERÖSTERREICH				
ORGANISATIONSEINHEIT	1914	1919	1922	1925
GAK	10	10	11	11
BGK	23	23	23	23
Gendarmerieposten	311	328	460	430
GESAMT	344	361	494	464

Tab. 19: Darstellung der LGK-Struktur – intern (GAK/BGK/Posten), der Jahre 1914, 1919, 1922 und 1925 (eigene Darstellung auf Grundlage der monatlichen Standesausweise des LGK Niederösterreich, des Jahrbuches für die k. k. Gendarmerie 1914 und des Jahrbuches für die Gendarmerie 1919).

Nach der Wiedereinführung der GAK im Jahr 1933 gab es im Bereich des LGK Niederösterreich nur mehr neun GAK (die Anzahl der BGK blieb mit 23 ident) mit folgenden Unterstellungen:[155]

1. GAK Nr. 1 Wien (BGK Bruck/Leitha, Floridsdorf-Umgebung, Gänserndorf),
2. GAK Nr. 2 Tulln (BGK Hietzing-Umgebung, Tulln),
3. GAK Nr. 3 Krems (BGK Horn, Krems, Pögstall),
4. GAK Nr. 4 St. Pölten (BGK Lilienfeld, St. Pölten),
5. GAK Nr. 5 Wiener Neustadt (BGK Neunkirchen, Wiener Neustadt),
6. GAK Nr. 6 Korneuburg (BGK Hollabrunn, Korneuburg, Mistelbach),
7. GAK Nr. 7 Waidhofen/Thaya (BGK Gmünd, Waidhofen/Thaya, Zwettl),
8. GAK Nr. 8 Melk (BGK Amstetten, Melk, Scheibbs) und
9. GAK Nr. 9 Baden (BGK Baden, Mödling).

Bis zur Strukturreform 1993 bestanden insgesamt zehn GAK und die Anzahl der BGK verringerte sich bis zur Wachkörperreform 2005 und dem damit verbundenen Verpflichtungsende zur Führung der Chroniken auf 21. Einzig bei den Gendarmerieposten war ein deutlicher Rückgang (Halbierung) von

---

155 Ebd., S. 77.

430 (Jahr 1925) auf 216 Dienststellen zum Zeitpunkt der Wachkörperreform 2005 festzumachen.[156]

8.9.2 Landesgendarmeriekommando (LGK)

Dienststellen	Bezeichnung	Jahre	Bd.	Lfd. Nr.
Bundesland Niederösterreich				
LGK				
LGK	Band 1	1927–1938	1	1
LGK	Band 2	1938–1946	2	2
LGK	Band 3	1947–1954	3	3
LGK	Band 4	1955–1960	4	4
LGK	Band 5	1961–1967	5	5
LGK	Band 6	1968–1971	6	6
LGK	Band 7	1972–1976	7	7
LGK	Band 8	1977–1988	8	8

Anmerkungen: Die LGK-Chroniken, Bände 1 und 2, werden durch Lichtbild-Beilagen ergänzt.

8.9.3 Bezirk Amstetten (inkl. Waidhofen/Ybbs)

Dienststellen	Bezeichnung	Jahre	Bd.	Lfd. Nr.
Bezirk Amstetten (inkl. Waidhofen/Ybbs)				
Amstetten	GAK	1945–1992	1	9
	BGK	1895–2005	1	10
	API	1965–1993	1	11
	GP	1929–1987	1	12
		1988–2006	2	13
Ardagger	GP	1929–2006	1	14
Aschbach-Markt	GP	1951–2012	1	15
Behamberg	GP	1910–1961	1	16
Euratsfeld	GP	1929–1964	1	17
Ennsdorf	GP	1882–1987	1	18

---

156 Vgl. Almanach der österreichischen Bundesgendarmerie 2003/04. Wien 2003, S. 141–195.

Dienststellen	Bezeichnung	Jahre	Bd.	Lfd. Nr.
Haidershofen	GP	1920–2006	1	19
Hollenstein a. d. Ybbs	GP	1913–2001	1	20
Opponitz	GP	1918–1964	1	21
St. Georgen a. Ybbsfelde	GP	1953–1975	1	22
		1975–2002	2	23
St. Peter in der Au	GP	1929–1969	1	24
St. Valentin	GP	1892–1988	1	25
Seitenstetten	GP	1868–1977	1	26
Ulmerfeld-Hausmening	GP	1943–dato	1	27
Waidhofen a. d. Ybbs	GP	1945–1997	1	28
		2000–2013	2	29
Wallsee	GP	1945–1977	1	30
Wolfsbach	GP	1918–1960	1	31
Ybbsitz	GP	1921–1999	1	32

8.9.4 Bezirk Baden

Dienststellen	Bezeichnung	Jahre	Bd.	Lfd. Nr.
Bezirk Baden				
Alland	API	1971–2001	1	33
Alland	GP	1945–2003	1	34
Baden	GAK	1945–1957	1	35
		1955–1993	2	36
	BGK	1945–1957	1	37
		1958–1963	2	38
		1963–1976	3	39
		1976–1993	4	40
		1993–1999	5	41
		1999–2005	6	42
	GP	1945–1977	1	43
		1977–1994	2	44
		1994–2008	3	45
Bad Vöslau	GP	1870–2004	1	46

Dienststellen	Bezeichnung	Jahre	Bd.	Lfd. Nr.
Berndorf	GP	1919–2005	1	47
Günselsdorf	GP	1945–2000	1	48
Leobersdorf	GP	1945–2004	1	49
Möllersdorf	GP	1946–1960	1	50
Pfaffstätten	GP	1949–2001	1	51
Pottendorf	GP	1852–1964	1	52
		1965–2005	2	53
Pottenstein	GP	1945–1993	1	54
Seibersdorf	GP	1972–dato	1	55
Traiskirchen-Lager	GP	1956–1993	1	56
Traiskirchen	GP	1920–2006	1	57
Tribuswinkel	API	1965–dato	1	58
Trumau	GP	1891–dato	1	59
Weissenbach/Tr.	GP	1945–2006	1	60

8.9.5 Bezirk Bruck an der Leitha

Dienststellen	Bezeichnung	Jahre	Bd.	Lfd. Nr.
Bezirk Bruck an der Leitha				
Bruck a. d. Leitha	BGK	1945–dato	1	61
	GP	1945–1989	1	62
		1990–2006	2	63
Ebergassing	GP	1892–1939	1	64
		1939–1998	2	65
Enzersdorf a. d. Fischa	GP	2020–dato	1	66
Fischamend	GP	1954–2005	1	67
Gramatneusiedl	GP	1938–1990	1	68
Maria Lanzendorf	GP	1954–1994	1	69
Leopoldsdorf	GP	1957–dato	1	70
Stixneusiedl	GP	1919–2004	1	71
		1920–1974	2	72

Anmerkung: Nach der Auflösung des Bezirkes Wien-Umgebung (1.1.2017) kamen insgesamt 13 Gemeinden zum Bezirk Bruck/Leitha.

Davon sind fünf Gendarmerieposten durch Chroniken erfasst: Ebergassing, Fischamend, Gramatneusiedl, Leopoldsdorf und Maria Lanzendorf.

8.9.6 Bezirk Gänserndorf

Dienststellen	Bezeichnung	Jahre	Bd.	Lfd. Nr.
Bezirk Gänserndorf				
Angern a. d. March	GP	1919–2006	1	73
Auersthal	GP	1946–dato	1	74
Bad Pirawarth	GP	1900–2005	1	75
Deutsch-Wagram	GP	1945–dato	1	76
Drösing	GP	1908–1993	1	77
Dürnkrut	GP	1898–2000	1	78
Eckartsau	GP	1945–1994	1	79
Engelhartstetten	GP	1945–1967	1	80
Gänserndorf	BGK	1945–2005	1	81
	GP	1945–1996	1	82
Groß-Enzersdorf	GP	1921–1938	1	83
		1954–2007	2	84
		2008–2011	3	85
Hauskirchen	GP	1943–1966	1	86
Hohenau a. d. March	GP	1915–2005	1	87
Lassee	GP	1945–2003	1	88
Marchegg	GP	1850–1945	1	89
Matzen	GP	1879–dato	1	90
Neusiedl a. d. Zaya	GP	1945–2005	1	91
Oberweiden	GP	1945–1972	1	92
Orth a. d. Donau	GP	1886–2004	1	93
Probstdorf	GP	1954–1967	1	94
Raasdorf	GP	1905–1938	1	95
		1954–1967	2	96
Schlosshof	GP	1948–1962	1	97
Zistersdorf	GP	1945–2000	1	98

8.9.7 Bezirk Gmünd

Dienststellen	Bezeichnung	Jahre	Bd.	Lfd. Nr.
Bezirk Gmünd				
Altnagelberg	GP	1946–1966	1	99
Bad Groß-Pertholz	GP	1875–1980	1	100
Eggern	GP	1876–1992	1	101
Gmünd	BGK	1933–1972	1	102
		1973–2007	2	103
	GP	1871–2011	1	104
	GÜP	1996–2002	1	105
Gmünd-Böhmzeil	GREKO	1996–dato	1	106
Großschönau	GP	1901–1992	1	107
Harbach	GP	1920–1967	1	108
Harmanschlag	GP	1996–2006	1	109
Heidenreichstein	GP	1892–2013	1	110
Höhenberg	GP	1955–1967	1	111
Karlstift	GP	1937–1972	1	112
Kirchberg	GP	1945–1988	1	113
Langegg	GP	1919–1967	1	114
Litschau	GP	1853–2002	1	115
	GÜP	1946–1955	1	116
Neunagelberg	GREKO	1996–2011	1	117
St. Martin	GP	1908–1967	1	118
Schrems	GP	1945–2013	1	119
Weitra	GP	1875–1986	1	120
		1986–2013	2	121

8.9.8 Bezirk Hollabrunn

Dienststellen	Bezeichnung	Jahre	Bd.	Lfd. Nr.
Bezirk Hollabrunn				
Göllersdorf	GP	1875–dato	1	122
Guntersdorf	GP	1921–2003	1	123
Hadres	GP	1920–1967	1	124

Dienststellen	Bezeichnung	Jahre	Bd.	Lfd. Nr.
Haugsdorf	GP	1851–1945	1	125
		1945–2006	2	126
Hollabrunn	GP	1945–dato	1	127
Kleinhaugsdorf	GREKO	1995–2011	1	128
Mitterretzbach	GREKO	1996–dato	1	129
Pulkau	GP	1918–2001	1	130
Seefeld-Großkadolz	GP	1874–1994	1	131
Ravelsbach	GP	1866–2005	1	132
Retz	GP	1945–1991	1	133
Wullersdorf	GP	1949–1967	1	134
Zellerndorf	GP	1945–2005	1	135
Ziersdorf	GP	1989–1992	1	136

8.9.9 Bezirk Horn

Dienststellen	Bezeichnung	Jahre	Bd.	Lfd. Nr.
Bezirk Horn				
Brunn/Wild	GP	1945–1956	1	137
		1957–1971	2	138
Drosendorf	GP	1876–1987	1	139
		1994–2001	2	140
Eggenburg	GP	1945–2000	1	141
		2001–2004	2	142
Gars/Kamp	GP	1921–2005	1	143
Geras	GP	1854–2005	1	144
Harmannsdorf	GP	1945–1967	1	145
Horn	GP	1873–2003	1	146
Hötzelsdorf	GP	1874–1965	1	147
Irnfritz	GP	1930–1988	1	148
Langau	GP	1955–1967	1	149
Röschitz	GP	1914–1966	1	150
Rosenburg	GP	1921–1944	1	151
		1945–1967	2	152

Dienststellen	Bezeichnung	Jahre	Bd.	Lfd. Nr.
Sigmundsherberg	GP	1894–2004	1	153
Weitersfeld	GP	1945–2005	1	154

8.9.10 Bezirk Korneuburg

Dienststellen	Bezeichnung	Jahre	Bd.	Lfd. Nr.
Bezirk Korneuburg				
Ernstbrunn	GP	1945–2004	1	155
Hagenbrunn	GP	1954–2002	1	156
Hausleiten	GP	1914–2002	1	157
Korneuburg	GP	1945–1999	1	158
Langenzersdorf	GP	1954–2000	1	159
Niederfellabrunn	GP	1951–1967	1	160
Spillern	GP	1918–1967	1	161
Stockerau	GP	1854–2000	1	162
	API	1969–1997	1	163

8.9.11 Bezirk Krems an der Donau

Dienststellen	Bezeichnung	Jahre	Bd.	Lfd. Nr.
Bezirk Krems				
Albrechtsberg	GP	1920–1963	1	164
Dürnstein	GP	1908–1991	1	165
Gföhl	GP	1904–dato	1	166
Großmotten	GP	1945–1966	1	167
Hadersdorf	GP	1945–2014	1	168
Haitzendorf	GP	1945–1967	1	169
Hollenburg	GP	1946–1972	1	170
Idolsberg	GP	1874–1958	1	171
		1958–1964	2	172
Krems a. d. Donau	BGK	1850–1957	1	173
		1957–dato	2	174
	GAK	1849–1993	1	175

Dienststellen	Bezeichnung	Jahre	Bd.	Lfd. Nr.
Krems a. d. Donau	GP	1947–1995	1	176
Krems/Stadt	BGK	1972–2003	1	177
	GP	1972–2012	1	178
Krumau am Kamp	GP	1879–1975	1	179
Langenlois	GP	1945–2012	1	180
Lichtenau i. Waldviertel	GP	1943–2001	1	181
Mautern	GP	1945–1983	1	182
		1984–2011	2	183
Mitterarnsdorf	GP	1945–1987	1	184
		1991–2003	2	185
Mühldorf	GP	1945–1976	1	186
Obermeisling	GP	1919–1972	1	187
Rastenfeld	GP	1920–2005	1	188
Rossatz	GP	1935–1991	1	189
St. Leonhard a. Hornerwald	GP	1875–1993	1	190
Schiltern	GP	1919–1968	1	191
Senftenberg	GP	1909–1967	1	192
Spitz a. d. Donau	GP	1945–1998	1	193
Weißenkirchen	GP	1901–2004	1	194

8.9.12 Bezirk Lilienfeld

Dienststellen	Bezeichnung	Jahre	Bd.	Lfd. Nr.
Bezirk Lilienfeld				
Annaberg	GP	1877–2009	1	195
Freiland bei Türnitz	GP	1920–1963	1	196
		1945–1968	2	197
Hainfeld	GP	1874–dato	1	198
Hohenberg	GP	1926–1993	1	199
Kaumberg	GP	1945–1992	1	200
Kleinzell	GP	1945–1991	1	201
Lilienfeld	GP	1850–2003	1	202
Mitterbach a. Erlaufsee	GP	1905–2005	1	203

Dienststellen	Bezeichnung	Jahre	Bd.	Lfd. Nr.
Rohrbach/Gölsen	GP	1875–1992	1	204
St. Aegyd am Neuwalde	GP	1925–1977	1	205
St. Veit a. d. Gölsen	GP	1915–dato	1	206
Terz	GP	1952–1964	1	207
Türnitz	GP	1884–dato	1	208

8.9.13 Bezirk Melk

Dienststellen	Bezeichnung	Jahre	Bd.	Lfd. Nr.
Bezirk Melk				
Emmersdorf	GP	1945–1975	1	209
Erlauf	GP	1933–2000	1	210
Kilb	GP	1880–1991	1	211
Krummnußbaum	GP	1945–1967	1	212
Loosdorf	GP	1899–2002	1	213
Mank	GP	1883–2004	1	214
Marbach/Donau	GP	1909–2002	1	215
Melk	BGK	1918–2007	1	216
	GP	1945–2004	1	217
	API	1958–1990	1	218
Neumarkt a. d. Ybbs	GP	1948–2002	1	219
Persenbeug	GP	1872–dato	1	220
Petzenkirchen	GP	1949–1967	1	221
Pöchlarn	GP	1945–2006	1	222
Pöggstall	BGK	1958–1971	1	223
	GP	1917–2012	1	224
St. Leonhard	GP	1945–2014	1	225
Texing	GP	1897–1967	1	226
Weiten	GP	1916–1967	1	227
Ybbs a. d. Donau	GP	1868–dato	1	228
Ysper	GP	1950–1985	1	229

8.9.14 Bezirk Mistelbach an der Zaya

Dienststellen	Bezeichnung	Jahre	Bd.	Lfd. Nr.
Bezirk Mistelbach				
Bernhardstahl	GP	1945–2001	1	230
Drasenhofen	GP	1946–2018	1	231
		2019–dato	2	232
	GREKO	1996–2009	1	233
Gaweinstal	GP	1945–2007	1	234
Gnadendorf	GP	1945–1964	1	235
Großkrut	GP	1945–2002	1	236
Mistelbach	GP	1958–1998	1	237
Niederkreuzstetten	GP	1945–1964	1	238
Laa a. d. Thaya	GP	1945–1989	1	239
	GÜP	1996–2007	1	240
Ladendorf	GP	1945–2017	1	241
Poysdorf	GP	1945–2004	1	242
Rabensburg	GP	1945–1966	1	243
Staatz	GP	1945–2006	1	244
Stronsdorf	GP	1945–1999	1	245
		2000–2014	2	246
Wilfersdorf	GP	1945–2003	1	247

8.9.15 Bezirk Mödling

Dienststellen	Bezeichnung	Jahre	Bd.	Lfd. Nr.
Bezirk Mödling				
Breitenfurt bei Wien	GP	1954–2005	1	248
Brunn am Gebirge	GP	1954–2005	1	249
Gaaden	GP	1918–1994	1	250
		1995–2006	2	251
Gumpoldskirchen	GP	1871–dato	1	252
Guntramsdorf	GP	1954–dato	1	253
Hennersdorf	GP	1884–1966	1	254
Hinterbrühl	GP	1892–dato	1	255

Dienststellen	Bezeichnung	Jahre	Bd.	Lfd. Nr.
Kaltenleutgeben	GP	1859–2001	1	256
Laxenburg	GP	1954–2006	1	257
Maria Enzersdorf	GP	1954–dato	1	258
Mödling	GP	1850–dato	1	259
		1919–1964	2	260
	BGK	1996–2009	1	261
Münchendorf	GP	1922–1998	1	262
Perchtoldsdorf	GP	1954–2005	1	263
Sulz im Wienerwald	GP	1904–1967	1	264
Vösendorf	GP	1919–dato	1	265
		1954–1968	2	266
Wiener Neudorf	GP	1954–2006	1	267

8.9.16 Bezirk Neunkirchen

Dienststellen	Bezeichnung	Jahre	Bd.	Lfd. Nr.
Bezirk Neunkirchen				
Aspang	GP	1854–2015	1	268
Edlitz	GP	1877–1994	1	269
Gloggnitz	GP	1855–2005	1	270
Grimmenstein	GP	1994–2006	1	271
Grünbach	GP	1945–1967	1	272
Kirchberg/Wechsel	GP	1886–2009	1	273
Mönichkirchen	GP	1885–1991	1	274
Neunkirchen	GP	1957–1997	1	275
		1979–2007	2	276
	BGK	1957–2017	1	277
Neunkirchen/Stadt	Pol	1945–dato	1	278
Ottertahl	GP	1892–1962	1	279
Pitten	GP	1945–1966	1	280
Pottschach	GP	1919–1977	1	281
Puchberg/Schneeberg	GP	1912–2012	1	282

DIENSTSTELLEN	BEZEICHNUNG	JAHRE	BD.	LFD. NR.
Reichenau/Rax	GP	1893–2006	1	283
		1945–1966	2	284
Schottwien	GP	1877–1991	1	285
Schwarzau/Steinfeld	GP	1949–2005	1	286
Seebenstein	GP	1921–1924	1	287
		1945–1967	2	288
Semmering	GP	1898–1939	1	289
		1945–1963	2	290
		1964–2005	3	291
Ternitz	GP	1892–2002	1	292
Warth	GP	1885–1994	1	293
	API	1975–1989	1	294
Willendorf	GP	1923–1996	1	295
		1997–2016	2	296

8.9.17 Bezirk St. Pölten-Land

DIENSTSTELLEN	BEZEICHNUNG	JAHRE	BD.	LFD. NR.
Bezirk St. Pölten-Land				
Altlengbach	GP	1945–dato	1	297
Asperhofen	GP	1945–1961	1	298
Böheimkirchen	GP	1957–1992	1	299
Eichgraben	GP	1902–2014	1	300
Frankenfels	GP	1920–1992	1	301
Gablitz	GP	1946–2005	1	302
Herzogenburg	GP	1913–2005	1	303
Kasten	GP	1949–1991	1	304
Kirchberg a. d. Pielach	GP	1874–2006	1	305
Laaben	GP	1914–1992	1	306
Maria Anzbach	GP	1947–1991	1	307
Mauerbach	GP	2014–dato	1	308
Michelbach	GP	1945–1959	1	309
Neulengbach	GP	1945–2009	1	310

Dienststellen	Bezeichnung	Jahre	Bd.	Lfd. Nr.
Neustift-Innermanzing	GP	1919–1959	1	311
Ober-Grafendorf	GP	1945–2001	1	312
Ollersbach	GP	1906–1964	1	313
Pressbaum	GP	1891–2016	1	314
Prinzersdorf	GP	1905–2003	1	315
Purkersdorf	GP	1954–2004	1	316
Pyhra	GP	1905–2013	1	317
Rekawinkel	GP	1952–1967	1	318
St. Christophen	GP	1945–1959	1	319
St. Pölten-Land	GAK	1945–1993	1	320
	BGK	1945–2005	1	321
Traismauer (Gemeinlebarn)	GP	1922–1930	1	322
Tullnerbach	GP	1945–2002	1	323
Wilhelmsburg	GP	1872–2010	1	324

8.9.18 Bezirk Scheibbs

Dienststellen	Bezeichnung	Jahre	Bd.	Lfd. Nr.
Bezirk Scheibbs				
Gaming	GP	1850–2008	1	325
Gresten	GP	1929–2003	1	326
Lunz am See	GP	1905–2008	1	327
Oberndorf a. d. Melk	GP	1905–1991	1	328
Purgstall a. d. Erlauf	GP	1915–1984	1	329
		1985–2005	2	330
Scheibbs	BGK	1956–1934	1	331
		1935–1999	2	332
	GP	1856–2000	1	333
Wieselburg	GP	1877–2012	1	334

8.9.19 Bezirk Tulln

Dienststellen	Bezeichnung	Jahre	Bd.	Lfd. Nr.
Bezirk Tulln				
Altenwörth	GP	1946–1967	1	335
Atzenbrugg	GP	1944–dato	1	336
Großriedenthal	GP	1920–1967	1	337
Großweikersdorf	GP	1912–2006	1	338
Hinterweidling	GP	1954–1967	1	339
Kirchberg am Wagram	GP	1850–2005	1	340
Klosterneuburg	GP	1914–1937	1	341
		1954–1997	2	342
		1957–1966	3	343
		1998–2005	4	344
Königstetten	GP	1952–2016	1	345
Scheiblingstein	GP	1954–1970	1	346
Sieghartskirchen	GP	1945–2008	1	347
Tulln	GP	1924–2004	1	348
	BGK	1945–2004	1	349
Weidling	GP	1908–1957	1	350
		1954–2005	2	351
Wördern	GP	1872–2003	1	352
Zwentendorf	GP	1991–2014	1	353

8.9.20 Bezirk Waidhofen an der Thaya

Dienststellen	Bezeichnung	Jahre	Bd.	Lfd. Nr.
Bezirk Waidhofen an der Thaya				
Dietmanns	GP	1945–1966	1	354
Dobersberg	GP	1952–1977	1	355
		1978–2011	2	356
Gastern	GP	1952–1990	1	357
Großau	GP	1956–1966	1	358
Groß-Siegharts	GP	1945–2009	1	359

Dienststellen	Bezeichnung	Jahre	Bd.	Lfd. Nr.
Karlstein a. d. Thaya	GP	1914–2001	1	360
Kautzen	GP	1945–1974	1	361
Ludweis	GP	1919–1963	1	362
Pfaffenschlag	GP	1902–1964	1	363
Raabs a. d. Thaya	GP	1850–1986	1	364
		1987–2006	2	365
Thaya	GP	1919–1967	1	366
Vitis	GP	1899–2005	1	367
Waidhofen a. d. Thaya	GP	1924–2005	1	368
Waldkirchen a. d. Thaya	GP	1955–1958	1	369
Weikertschlag a. d. Thaya	GP	1949–1967	1	370
Windigsteig	GP	1918–1964	1	371

8.9.21 Bezirk Wiener Neustadt

Dienststellen	Bezeichnung	Jahre	Bd.	Lfd. Nr.
Bezirk Wiener Neustadt				
Bad Fischau-Brunn	GP	1945–2009	1	372
		2010–dato	2	373
Bromberg	GP	1945–1991	1	374
Erlach	GP	1890–1941	1	375
		1945–2005	2	376
Ebenfurth	GP	1945–1998	1	377
Eggendorf	GP	1954–dato	1	378
Frohsdorf	GP	1919–1941	1	379
		1945–1990	2	380
Gutenstein	GP	1958–2007	1	381
		1976–1984	2	382
		1986–1988	3	383
		1989–1992	4	384
		1993–2004	5	385
		2005–2007	6	386

Dienststellen	Bezeichnung	Jahre	Bd.	Lfd. Nr.
Hochneukirchen	GP	1890–1944	1	387
		1945–1992	2	388
Hochwolkersdorf	GP	1945–2002	1	389
Kirchschlag	GP	1864–2017	1	390
Krumbach	GP	1878–2002	1	391
Lichtenegg	GP	1939–1993	1	392
Lichtenwörth	GP	1919–1967	1	393
Maria Piesting	GP	1916–1932	1	394
		1909–1966	2	395
Muthmannsdorf	GP	1948–1954	1	396
Pernitz	GP	1897–2009	1	397
		2010–2017	2	398
Rohr/Gebirge	GP	1892–1977	1	399
Sollenau	GP	1881–2012	1	400
Steinabrückl	GP	1917–1947	1	401
Stollhof	GP	1946–1993	1	402
Wiener Neustadt	GAK	1935–2007	1	403
	BGK	1938–2009	1	404
	GP	1945–1992	1	405
Wiesmath	GP	1947–dato	1	406
Wöllersdorf	GP	1925–2003	1	407
		2004–dato	2	408

8.9.22 Bezirk Zwettl

Dienststellen	Bezeichnung	Jahre	Bd.	Lfd. Nr.
Bezirk Zwettl				
Allentsteig	GP	1916–2014	1	409
Arbesbach	GP	1873–dato	1	410
Franzen	GP	1919–1961	1	411
Friedersbach	GP	1919–1967	1	412
Göpfritz/Wild	GP	1882–2001	1	413
Grafenschlag	GP	1978–1990	1	414

Dienststellen	Bezeichnung	Jahre	Bd.	Lfd. Nr.
Grainbrunn	GP	1920–1958	1	415
Groß Gerungs	GP	1919–2008	1	416
Groß Globnitz	GP	1919–1965	1	417
Großgöttfritz	GP	1946–1953	1	418
Gutenbrunn	GP	1854–2000	1	419
Kirchbach	GP	1950–1962	1	420
Kottes	GP	1906–1967	1	421
Langschlag	GP	1906–1973	1	422
Neupölla	GP	1876–1992	1	423
Ottenschlag	GP	1945–dato	1	424
Rappottenstein	GP	1918–1991	1	425
Schönbach	GP	1906–1991	1	426
Schwarzenau	GP	1882–dato	1	427
Schweiggers	GP	1877–2001	1	428
Zwettl	GP	1918–dato	1	429
	BGK	1860–dato	1	430
Waldhausen	GP	1902–dato	1	431

8.9.23 Zusammenfassung

Im Bereich des LGK Niederösterreich sind insgesamt 431 Gendarmerie-Chroniken existent. Diese teilen sich hinsichtlich der Organisationseinheiten und Dienststellen wie folgt auf:

Organisationseinheit	Gesamt	GAK	BGK	Posten	Sonstige
LGK Niederösterreich	8				
Bezirk Amstetten (inkl. Waidhofen a. d. Ybbs)	24	1	1	21	1
Bezirk Baden	28	2	6	18	2
Bezirk Bruck a. d. Leitha	12		1	11	
Bezirk Gänserndorf	26		1	25	
Bezirk Gmünd	23		2	17	4
Bezirk Hollabrunn	15			13	2
Bezirk Horn	18			18	

ORGANISATIONSEINHEIT	GESAMT	GAK	BGK	POSTEN	SONSTIGE
Bezirk Korneuburg	9			8	1
Bezirk Krems	31	1	3	27	
Bezirk Lilienfeld	14			14	
Bezirk Melk	21		2	18	1
Bezirk Mistelbach	18			16	2
Bezirk Mödling	20		1	19	
Bezirk Neunkirchen	29		1	26	2
Bezirk St. Pölten-Land	28	1	1	26	
Bezirk Scheibbs	10		2	8	
Bezirk Tulln	19		1	18	
Bezirk Waidhofen a. d. Thaya	18			18	
Bezirk Wiener Neustadt	37	1	1	35	
Bezirk Zwettl	23		1	22	
GESAMT	431	6	24	378	15

Tab. 20: Chroniken des LGK Niederösterreich – Gesamtübersicht (eigene Darstellung).

8.10 LGK OBERÖSTERREICH

8.10.1 Allgemein

Die Geschichte des Landesgendarmeriekommandos für Oberösterreich beginnt mit der „Allerhöchsten Entschließung" vom 23. Oktober 1873, mit der bestimmt wurde, dass mit Wirkung vom 1. Jänner 1874 am Sitz jeder politischen Landesbehörde ein LGK zu errichten sei.[157] Ab 1. Jänner 1874 gab es in Oberösterreich drei Abteilungskommanden (Urfahr, Steyr und Ried im Innkreis); mit Wirkung vom 1.10.1904 kam es zur Errichtung eines weiteren GAK in Wels. Die Kommandostrukturen des LGK Nr. 8 stellten sich wie folgt dar:[158]

---

157 Vgl. AHRER, Michael: Landesgendarmeriekommando für Oberösterreich. In HÖRMANN, Fritz/HESZTERA, Gerald: Zwischen Gefahr und Berufung. Gendarmerie in Österreich. Wien 1999, S. 400-401, hier S. 400. Bis zur Errichtung eines eigenen LGK mit 1.1.1874 unterstanden die oberösterreichischen Dienststellen dem Gendarmerie-Regiment Nr. 1 mit Stab in Wien. Die ursprüngliche Kennzeichnung mit der Nr. 11 wurde im Jahr 1876 auf die LGK-Nr. 8 abgeändert.
158 Vgl. HESZTERA, Franz: Die Kommandostrukturen der Gendarmerie (wie Anm. 22),

1. GAK Nr. 1 Linz (mit den BGK Linz, Kirchdorf, Steyr),
2. GAK Nr. 2 Linz (BGK Freistadt, Perg, Rohrbach, Urfahr),
3. GAK Nr. 3 Ried (BGK Braunau, Ried, Schärding) und
4. GAK Nr. 4 Wels (BGK Gmunden, Vöcklabruck, Wels).

Für den Beginn des chronikrelevanten Zeitraumes von Juli 1914 (Anordnung zur Führung der Postenchroniken) bis zum Dezember 1923 (Anordnung zur Führung von LGK-, GAK- und BGK-Chroniken) setzte sich das LGK Nr. 8 für Oberösterreich organisatorisch wie folgt zusammen:

LGK Nr. 8 - Oberösterreich				
Organisationseinheit	1914	1919	1922	1925
GAK	3	6	8	8
BGK	15	15	15	16
Gendarmerieposten	149	179	248	237
GESAMT	167	200	281	271

Tab. 21: Darstellung der LGK-Struktur – intern (GAK/BGK/Posten), der Jahre 1914, 1919, 1922 und 1925 (eigene Darstellung auf Grundlage der monatlichen Standesausweise des LGK Oberösterreich, des Jahrbuches für die k. k. Gendarmerie 1914 und des Jahrbuches für die Gendarmerie 1919).

Bis zur Strukturreform 1993 bestanden insgesamt sieben GAK und die Anzahl der BGK verringerte sich bis zur Wachkörperreform 2005 und dem damit verbundenen Verpflichtungsende zur Führung der Chroniken auf 21. Einzig bei den Gendarmerieposten war ein deutlicher Rückgang von 271 (Jahr 1925) auf 216 Dienststellen zum Zeitpunkt der Wachkörperreform 2005 festzumachen.[159]

S. 96 f. Die Anzahl von insgesamt vier GAK blieb mit zum Ersten Weltkrieg erhalten; mit den BGK Eferding (1907) und Grieskirchen (1911) kamen noch zwei BGK dazu.
159 Vgl. Almanach der österreichischen Bundesgendarmerie 2003/04. Wien 2003, S. 205–236.

8.10.2 Landesgendarmeriekommando (LGK)

DIENSTSTELLEN	BEZEICHNUNG	JAHRE	BD.	LFD. NR.
Bundesland Oberösterreich				
LGK				
LGK	Band 1	1849–1947	1	1
LGK	Band 2	1849–1955	2	2
LGK	Band 3	1945–1984	3	3
LGK	Band 4	1960–1969	4	4
LGK	Band 5	1970–1979	5	5
LGK	Band 6	1980–1989	6	6
LGK	Band 7	1990–1999	7	7
LGK	Band 8	2000–2000	8	8

DIENSTSTELLEN	BEZEICHNUNG	JAHRE	BD.	LFD. NR.
Verkehrsabteilungen (VA und VAASt)				
Verkehrsabteilung	VA	1946–1951	1	9
	VA	1952–1960	1	10
	VA	1961–1966	1	11
	VA	1967–1971	1	12
	VA	1972–1976	1	13
	VA	1977–1980	1	14
	VA	1981–1982	1	15
	VA	1983–1985	1	16
	VA	1986–1988	1	17
	VA	1989–1990	1	18
	VA	1991–1992	1	19
	VA	1993–1995	1	20
	VA	1996–1997	1	21
	VA	1998–1998	1	22
	VA	1999–2000	1	23
	VA	2001–2002	1	24
	VA	2003–2005	1	25
	VA	2006–2008	1	26
	VA	2009–2018	1	27

Dienststellen	Bezeichnung	Jahre	Bd.	Lfd. Nr.
Verkehrsabteilung	VA	2019–2019	1	28
Chronik - allgemein	VA	1957–1989	1	29
Chronik - Bedienstete	VA	1957–2021	1	30
Chronik - Kraftfahrzeuge	VA	1957–2001	1	31
VAASt Haid	VA	1958–2011	1	32
VAASt Klaus	VA	1986–1991	1	33
VAASt Neumarkt i. Mkr.	VA	1996–2012	1	34
VAASt Ried im Innkreis	VA	1985–2011	1	35
VAASt Seewalchen	VA	1987–2005	1	36
VAASt Wels	VA	1978–2010	1	37
Haid	VAASt	1858–1973	1	38
		1974–1999	2	39
		1999–2013	3	40
Klaus	VAASt	1986–2011	1	41
Neumarkt i. Mühlkreis	VAASt	1996–2016	1	42
Ried i. Innkreis	VAASt	1985–2006	1	43
Wels	VAASt	1978–2000	1	44
		2001–2002	2	45

8.10.3 Bezirk Braunau

Dienststellen	Bezeichnung	Jahre	Bd.	Lfd. Nr.
Bezirk Braunau				
Ach-Hochburg	GP	1908–1989	1	46
		1990–2011	2	47
Altheim	GP	1870–1991	1	48
		1992–2009	2	49
Aspach	GP	1887–1964	1	50
		1965–1998	2	51
		1999–2006	3	52
Braunau	BGK	1914–1946	1	53
		1946–1972	2	54
		1972–1999	3	55

Dienststellen	Bezeichnung	Jahre	Bd.	Lfd. Nr.
Braunau	GP	1914–1975	1	56
		1975–1999	2	57
		2000–2007	3	58
Eggelsberg	GP	1881–2011	1	59
Friedburg	GP	1858–1994	1	60
		1995–2011	2	61
Maria Schmolln	GP	1894–1993	1	62
Mattighofen	GP	1924–1981	1	63
		1982–2009	2	64
Mauerkirchen	GP	1914–1973	1	65
		1974–2011	2	66
Mining	GP	1973–1991	1	67
Munderfing	GP	1919–1964	1	68
		1964–1991	2	69
Neukirchen a. d. Enknach	GP	1897–1993	1	70
		1994–2011	2	71
Ostermiething	GP	1919–2004	1	72
Palting	GP	1901–1993	1	73
		1994–2010	2	74
Pischelsdorf	GP	1928–1937	1	75
		1938–1992	2	76
Schwand	GP	1918–1969	1	77
		1970–1991	2	78
Wildshut	GP	1892–1989	1	79
		1990–1994	2	80

8.10.4 Bezirk Eferding

Dienststellen	Bezeichnung	Jahre	Bd.	Lfd. Nr.
Bezirk Eferding				
Alkoven	GP	1911–1963	1	81
		1964–2001	2	82
Aschach a. d. Donau	GP	1873–1963	1	83
		1963–1968	1	84

Dienststellen	Bezeichnung	Jahre	Bd.	Lfd. Nr.
Aschach a. d. Donau	GP	1968–1973	2	85
		1974–1982	3	86
		1983–1994	4	87
Eferding	BGK	1948–1965	1	88
		1965–1986	2	89
		1987–2006	3	90
	GP	1849–1954	1	91
		1955–1982	2	92
		1983–2005	3	93
Haibach a. d. Donau	GP	1913–1970	1	94
		1970–1992	2	95
Prambachkirchen	GP	1919–1979	1	96
		1980–2007	2	97
St. Marienkirchen/Polsenz	GP	1902–1981	1	98
		1982–1993	2	99
Scharten	GP	1920–1965	1	100
		1966–1992	2	101
		1970–1991	2	102

8.10.5 Bezirk Freistadt

Dienststellen	Bezeichnung	Jahre	Bd.	Lfd. Nr.
Bezirk Freistadt				
Bad Zell	GP	1914–1996	1	103
Freistadt	GP	1850–1972	1	104
		1973–2001	3	105
	GAK	1874–1970	1	106
		1971–1993	2	107
	BGK	1850–1933	1	108
		1934–1954	2	109
		1955–1991	3	110
		1992–2009	4	111
	BGK-Grenze	1949–1955	1	112

Dienststellen	Bezeichnung	Jahre	Bd.	Lfd. Nr.
Gutau	GP	1894–1996	1	113
Kefermarkt	GP	1919–1956	1	114
		1957–2012	2	115
Königswiesen	GP	1904–1934	1	116
		1934–1953	2	117
		1953–1975	3	118
		1976–2002	4	119
Lasberg	GP	1924–1948	1	120
		1949–1973	2	121
Leopoldschlag	GP	1883–1985	1	122
		1986–1997	2	123
	GÜP	1996–2012	1	124
Liebenau	GP	1891–1991	1	125
Neumarkt i. Mühlkreis	GP	1926–1991	1	126
		1992–1995	2	127
Pregarten	GP	1852–1963	1	128
		1964–2002	2	129
		2003–2010	3	130
Rainbach i. Mühlkreis	GP	1919–1969	1	131
		1970–2002	2	132
Sandl	GP	1914–1981	1	133
		1982–2004	2	134
	GÜP	1946–1955	1	135
St. Leonhard b. Freistadt	GP	1954–1972	1	136
St. Oswald b. Freistadt	GP	1906–1945	1	137
		1945–1974	2	138
		1974–1992	3	139
Schönau	GP	1920–1967	1	140
		1968–1991	2	141
Summerau - Bahnhof	GP	1924–1936	1	142
Tragwein	GP	1918–1933	1	143
		1933–1935	2	144
		1935–1938	3	145

Dienststellen	Bezeichnung	Jahre	Bd.	Lfd. Nr.
Tragwein	GP	1939–1955	4	146
		1956–1993	5	147
Unterweißenbach	GP	1874–1996	1	148
		1997–2001	2	149
Wartberg ob der Aist	GP	1919–1950	1	150
		1951–1959	2	151
Weitersfelden	GP	1883–1955	1	152
		1956–2012	2	153

8.10.6 Bezirk Gmunden

Dienststellen	Bezeichnung	Jahre	Bd.	Lfd. Nr.
Bezirk Gmunden				
Altmünster	GP	1970–1986	1	154
		1987–2004	2	155
Bad Goisern	GP	1872–1972	1	156
		1973–2002	2	157
		2003–2007	3	158
Bad Ischl	GP	1850–1959	1	159
		1960–1988	2	160
		1989–2002	3	161
		2002–2010	4	162
Ebensee	GP	1880–1965	1	163
		1966–1987	2	164
		1987–2004	3	165
		2004–2008	4	166
		2009–2012	5	167
Gmunden	BGK	1850–1946	1	168
		1947–1956	2	169
		1957–1965	3	170
		1966–1979	4	171
		1980–1999	5	172
	GP	1850–1954	1	173

Dienststellen	Bezeichnung	Jahre	Bd.	Lfd. Nr.
Gmunden	GP	1955–1968	2	174
		1969–1982	3	175
		1982–1999	4	176
		2000–2007	5	177
Gmunden	GAK	1918–1971	1	178
		1972–1993	2	179
Gosau	GP	1906–1993	1	180
		1994–2005	2	181
Grünau	GP	1906–1976	1	182
		1977–1992	2	183
Hallstatt	GP	1918–1958	1	184
		1958–2002	2	185
Kirchham	GP	1919–1951	1	186
		1952–1959	2	187
Laakirchen	GP	1901–1960	1	188
		1961–2000	2	189
		2001–2005	3	190
Obertraun	GP	1958–1980	1	191
		1981–1990	2	192
Ohlsdorf	GP	1919–1962	1	193
Roitham	GP	1897–1968	1	194
Scharnstein	GP	1872–1970	1	195
		1971–1992	2	196
		1993–2005	3	197
St. Wolfgang	GP	1892–1973	1	198
		1973–2008	2	199
		2008–2011	3	200
Traunkirchen	GP	1919–1950	1	201
		1951–1979	2	202
		1980–1992	3	203
Vorchdorf	GP	1914–1963	1	204
		1964–1985	2	205
		1986–2007	3	206

8.10.7 Bezirk Grieskirchen

Dienststellen	Bezeichnung	Jahre	Bd.	Lfd. Nr.
Bezirk Grieskirchen				
Bad Schallerbach	GP	1969–2002	1	207
Gaspoltshofen	GP	1901–1970	1	208
		1971–2000	2	209
Gallspach	GP	1859–1968	1	210
		1968–1986	2	211
		1987–1996	3	212
Grieskirchen	BGK	1911–1952	1	213
		1952–1997	2	214
		1997–2003	3	215
		1914–1999	4	216
	GP	1856–1969	1	217
		1970–2010	2	218
Haag am Hausruck	GP	1852–1963	1	219
		1964–1986	2	220
		1987–2011	3	221
Hofkirchen a. d. Trattnach	GP	1930–1974	1	222
		1975–1993	2	223
Natternbach	GP	1949–1973	1	224
Neukirchen am Walde	GP	1880–1978	1	225
Neumarkt im Hausruck	GP	1908–1974	1	226
		1975–2000	2	227
Peuerbach	GP	1868–1983	1	228
		1984–1995	2	229
Pram	GP	1878–1989	1	230
St. Agatha	GP	1919–1978	1	231
		1979–1993	2	232
Wallern	GP	1919–1968	1	233
Waizenkirchen	GP	1851–1973	1	234
		1974–2009	2	235

8.10.8 Bezirk Kirchdorf a. d. Krems

Dienststellen	Bezeichnung	Jahre	Bd.	Lfd. Nr.
Bezirk Kirchdorf a. d. Krems				
Grünburg	GP	1886–1954	1	236
		1955–1996	2	237
Hinterstoder	GP	1897–1997	1	238
		1998–2009	2	239
Kirchdorf a. d. Krems	BGK	1918–1961	1	240
		1962–2005	2	241
	GP	1851–1983	1	242
		1984–2011	2	243
Klaus	GP	1874–1992	1	244
Kremsmünster	GP	1852–2006	1	245
		2007–2010	2	246
Micheldorf	GP	1918–1990	1	247
		1990–1992	2	248
Molln	GP	1885–1956	1	249
		1957–2002	2	250
		2003–2009	3	251
Nussbach	GP	1894–1992	1	252
Pettenbach	GP	1901–1993	1	253
		1994–2010	2	254
Ried im Traunkreis	GP	1902–1975	1	255
		1976–1992	2	256
St. Pangraz	GP	1902–1968	1	257
Spital am Pyhrn	GP	1924–1955	1	258
		1955–1993	2	259
Steinbach am Ziehberg	GP	1928–1942	1	260
		1942–1963	2	261
		1964–1971	3	262
Steyling	GP	1952–1967	1	263
Vorderstoder	GP	1927–1943	1	264
		1944–1964	2	265
Wartberg a. d. Krems	GP	1919–1958	1	266
		1959–2002	2	267

Dienststellen	Bezeichnung	Jahre	Bd.	Lfd. Nr.
Windischgarsten	GP	1851–1966	1	268
		1967–2005	2	269

8.10.9 Bezirk Linz-Land

Dienststellen	Bezeichnung	Jahre	Bd.	Lfd. Nr.
Bezirk Linz-Land				
Ansfelden	GP	1956–1995	1	270
		1996–2006	2	271
Asten	GP	1941–1963	1	272
Enns	GP	1901–1968	1	273
		1969–1990	2	274
		1991–2004	3	275
Flughafen Linz	Grenz-kontrollstelle	1996–1998	1	276
		1998–2001	2	277
		2001–2002	3	278
		2003–2005	4	279
Haid – Siedlung	Expositur	1920–1956	1	280
Hörsching	GP	1859–1951	1	281
		1952–1990	2	282
		1991–1999	3	283
Leonding	GP	1919–1950	1	284
		1951–1990	2	285
		1991–2011	3	286
		2011–2020	4	287
Linz	GAK	1945–1969	1	288
		1969–1983	2	289
		1984–1992	3	290
Nettingsdorf	GP	1908–1956	1	291
Neuhofen a. d. Krems	GP	1914–1991	1	292
		1992–2004	2	293
Niederneukirchen	GP	1919–1962	1	294
		1963–1966	2	295

Dienststellen	Bezeichnung	Jahre	Bd.	Lfd. Nr.
Pasching	GP	1919–1951	1	296
		1919–1974	2	297
		1975–2002	3	298
		2002–2007	4	299
St. Florian	GP	1895–1957	1	300
		1958–2003	2	301
		2004–2005	3	302
Wilhering	GP	1850–2003	1	303
		2004–2012	2	304

8.10.10 Bezirk Perg

Dienststellen	Bezeichnung	Jahre	Bd.	Lfd. Nr.
Bezirk Perg				
Baumgartenberg	GP	1990–2001	1	305
Grein	GP	1851–1956	1	306
		1956–1978	2	307
		1979–1990	3	308
		1991–1999	4	309
Bad Kreuzen	GP	1877–1969	1	310
Mauthausen	GP	1899–1951	1	311
		1952–1990	2	312
		1991–2004	3	313
		2004–2012	4	314
Mitterkirchen	GP	1897–1989	1	315
Münzbach	GP	1918–1961	1	316
Naarn	GP	1920–1952	1	317
		1953–1961	2	318
Pabneukirchen	GP	1888–2000	1	319
		2001–2006	2	320
Perg	BGK	1958–1998	1	321
		1999–2002	2	322
	GP	1881–1945	1	323

Dienststellen	Bezeichnung	Jahre	Bd.	Lfd. Nr.
Perg	GP	1945–1963	2	324
		1964–1992	3	325
		1969–1969	4	326
		1993–2002	5	327
St. Georgen am Walde	GP	1887–1986	1	328
		1987–1992	2	329
St. Georgen a. d. Gusen	GP	1901–1954	1	330
		1955–1979	2	331
		1980–2000	3	332
Schwertberg	GP	1895–1971	1	333
		1972–2002	2	334
Waldhausen	GP	1887–1973	1	335
		1974–1995	2	336

8.10.11 Bezirk Ried im Innkreis

Dienststellen	Bezeichnung	Jahre	Bd.	Lfd. Nr.
Bezirk Ried im Innkreis				
Antiesenhofen	GP	1918–2000	1	337
Aurolzmünster	GP	1918–1979	1	338
		1980–2011	2	339
Eberschwang	GP	1903–1971	1	340
		1971–1993	2	341
		1994–2003	3	342
Geinberg	GP	1919–1982	1	343
		1982–1993	2	344
Gurten	GP	1906–1960	1	345
Hohenzell	GP	1936–1971	1	346
Lambrechten	GP	1919–1936	1	347
Mettmach	GP	1913–1976	1	348
		1976–1993	2	349
Obernberg am Inn	GP	1900–1975	1	350
		1976–1997	2	351

Dienststellen	Bezeichnung	Jahre	Bd.	Lfd. Nr.
Obernberg am Inn	GP	1998–2001	3	352
Pramet	GP	1934–1964	1	353
		1964–1992	2	354
Ried im Innkreis	BGK	1850–1937	1	355
		1938–1950	2	356
		1950–1960	3	357
		1960–1987	4	358
		1988–1998	5	359
	GP	1941–1964	1	360
		1965–1978	2	361
		1978–1999	3	362
		2000–2003	4	363
Ried im Innkreis	GAK	1903–1958	1	364
		1958–1976	2	365
		1977–1989	3	366
		1990–1993	4	367
St. Martin im Innkreis	GP	1905–1953	1	368
		1953–1963	2	369
		1964–1992	3	370
Traiskirchen im Innkreis	GP	1885–1980	1	371
		1981–2011	2	372
Waldzell	GP	1875–1998	1	373
		1999–2011	2	374

8.10.12 Bezirk Rohrbach

Dienststellen	Bezeichnung	Jahre	Bd.	Lfd. Nr.
Bezirk Rohrbach				
Aigen	GP	1874–1974	1	375
		1974–2004	2	376
Haslach	GP	1872–2002	1	377
Helfenberg	GP	1924–2008	1	378
Hofkirchen im Mühlkreis	GP	1994–2002	1	379

Dienststellen	Bezeichnung	Jahre	Bd.	Lfd. Nr.
Julbach	GP	1910–1971	1	380
		1972–1991	2	381
Kollerschlag	GP	1935–1970	1	382
Lembach	GP	1852–1993	1	383
		1994–2002	2	384
		2002–2008	3	385
Neufelden	GP	1898–1981	1	386
		1982–2012	2	387
Neustift	GP	1953–1955	1	388
Oberkappel	GP	1901–1994	1	389
Peilstein	GP	1866–2007	1	390
Rohrbach	BGK	1850–2001	1	391
	GP	1878–1954	1	392
		1955–2002	2	393
		2002–2005	3	394
		2005–2012	4	395
St. Martin im Mühlkreis	GP	1874–1993	1	396
		1994–2011	2	397
St. Peter im Mühlkreis	GP	1901–1992	1	398
St. Veit im Mühlkreis	GP	1919–1993	1	399
Sarleinsbach	GP	1903–1992	1	400
Schwarzenberg	GP	1936–1990	1	401
Ulrichsberg	GP	1984–2005	1	402

8.10.13 Bezirk Schärding

Dienststellen	Bezeichnung	Jahre	Bd.	Lfd. Nr.
Bezirk Schärding				
Altschwendt	GP	1918–1956	1	403
		1957–1968	2	404
Andorf	GP	1897–1990	1	405
		1990–2009	2	406
Eggerding	GP	1953–1968	1	407

Dienststellen	Bezeichnung	Jahre	Bd.	Lfd. Nr.
Engelhartszell	GP	1914–1955	1	408
		1956–2002	2	409
Esternberg	GP	1919–1951	1	410
		1952–1992	2	411
Haibach bei Schärding	GP	1889–1987	1	412
Kopfing	GP	1914–1992	1	413
Münzkirchen	GP	1914–1974	1	414
		1975–2004	2	415
Raab	GP	1914–1973	1	416
		1973–2006	2	417
Riedau	GP	1914–1988	1	418
		1988–2006	2	419
St. Roman	GP	1919–1968	1	420
		1969–1971	2	421
Schardenberg	GP	1946–2009	1	422
Schärding	BGK	1880–1960	1	423
		1960–1986	2	424
		1987–2006	3	425
	GP	1899–1938	1	426
		1939–1977	2	427
		1978–1999	3	428
Sigharting	GP	1919–1953	1	429
		1953–1991	2	430
Suben	GP	1916–1978	1	431
		1979–1997	2	432
Taufkirchen a. d. Pram	GP	1918–1954	1	433
		1955–1972	2	434
		1973–1989	3	435
		1990–2003	4	436
Vichtenstein	GP	1914–1970	1	437
Wernstein	GP	1919–1971	1	438
Wesenufer	GP	1919–1967	1	439

8.10.14 Bezirk Steyr-Land

Dienststellen	Bezeichnung	Jahre	Bd.	Lfd. Nr.
Bezirk Steyr-Land				
Aschach a. d. Steyr	GP	1916–1966	1	440
Bad Hall	GP	1877–1974	1	441
		1975–1999	2	442
		2000–2007	3	443
Dietach	GP	1919–1992	1	444
Garsten	GP	1919–1951	1	445
		1952–1996	2	446
		1997–2005	3	447
Großraming	GP	1890–1968	1	448
		1969–1999	2	449
		2000–2011	3	450
Kleinreifling	GP	1901–1993	1	451
Losenstein	GP	1943–1989	1	452
			2	453
Maria Neustift	GP	1955–1993	1	454
Reichraming	GP	1919–1969	1	455
		1970–1993	2	456
Schiedlberg	GP	1945–1962	1	457
Sierning	GP	1873–1957	1	458
		1958–1995	2	459
		1995–2011	3	460
Steyr	GAK	1918–1976	1	461
		1976–1993	2	462
	GP	1849–1955	1	463
		1956–1995	2	464
	BGK	1991–2001	1	465
Ternberg	GP	1849–1977	1	466
		1978–2011	2	467
		2005–2012	3	468
Unterlaussa	GP	1920–1964	1	469
		1965–1987	4	470

DIENSTSTELLEN	BEZEICHNUNG	JAHRE	BD.	LFD. NR.
Waldneukirchen	GP	1904–1955	1	471
		1955–1991	2	472
Wolfern	GP	1919–1975	1	473

8.10.15 Bezirk Urfahr-Umgebung

DIENSTSTELLEN	BEZEICHNUNG	JAHRE	BD.	LFD. NR.
Bezirk Urfahr-Umgebung				
Alberndorf	GP	1927–1991	1	474
Altenberg	GP	1913–1992	1	475
Bad Leonfelden	GP	1879–1961	1	476
		1962–2011	2	477
Feldkirchen a. d. Donau	GP	1904–1981	1	478
		1982–2000	2	479
Gallneukirchen	GP	1872–1992	1	480
		1993–2011	2	481
Gramastetten	GP	1886–1991	1	482
		1991–2006	2	483
		2007–2007	3	484
Hellmonsödt	GP	1873–1979	1	485
		1980–2005	2	486
Hinterweißenbach	GP	1946–1955	1	487
Kirchschlag	GP	1921–1958	1	488
Oberneukirchen	GP	1890–1932	1	489
		1936–1945	2	490
		1933–1993	3	491
		1993–2012	4	492
Ottensheim	GP	1883–1950	1	493
		1945–1955	2	494
		1951–1999	3	495
		2000–2011	4	496
Puchenau	GP	1918–1984	1	497
		1985–2008	2	498

Dienststellen	Bezeichnung	Jahre	Bd.	Lfd. Nr.
Reichenau	GP	1895–1992	1	499
Reichenthal	GP	1914–1993	1	500
Schenkenfelden	GP	1919–1959	1	501
Steyregg	GP	1871–1987	1	502
		1988–2005	2	503
Urfahr-Umgebung	GAK	1874–1984	1	504
		1988–1993	2	505
	BGK	1850–1987	1	506
		1869–1976	2	507
		1945–1997	3	508
		1977–2008	4	509
Vorderweißenbach	GP	1918–1952	1	510
		1953–2011	2	511
Zwettl	GP	1929–1984	1	512
		1985–1993	2	513

8.10.16 Bezirk Vöcklabruck

Dienststellen	Bezeichnung	Jahre	Bd.	Lfd. Nr.
Bezirk Vöcklabruck				
Ampflwang	GP	1895–1999	1	514
Attersee	GP	1919–1956	1	515
		1957–2002	2	516
Attnang	GP	1929–1975	1	517
		1976–2009	2	518
Attnang-Puchheim	Bahnhof	1947–1953	1	519
Frankenburg	BGK	1873–1911	1	520
		1850–1985	2	521
		1986–2003	3	522
Frankenmarkt	GP	1850–1954	1	523
		1955–1980	2	524
		1980–1990	3	525

Dienststellen	Bezeichnung	Jahre	Bd.	Lfd. Nr.
Frankenmarkt	GP	1990–2000	4	526
		2001–2012	5	527
Lenzing	GP	1942–1961	1	528
		1962–2002	2	529
		2003–2005	3	530
Mondsee	GP	1873–1961	1	531
		1962–2005	2	532
Niederthalheim	GP	1866–1957	1	533
Nussdorf am Attersee	GP	1910–1961	1	534
Oberwang	GP	1910–1971	1	535
Ottnang	GP	1956–1999	1	536
Regau	GP	1919–2001	1	537
St. Georgen im Attergau	GP	1850–1985	1	538
		1985–2004	2	539
Schörfling	GP	1862–1995	1	540
Schwanenstadt	GP	1880–1962	1	541
		1962–1990	2	542
		1991–2006	3	543
Timelkam	GP	1897–1996	1	544
		1997–2002	2	545
Unterach	GP	1892–1980	1	546
		1981–2001	2	547
Vöcklabruck	BGK	1849–1961	1	548
		1962–1997	2	549
		1997–2009	3	550
	GP	1850–1969	1	551
		1970–2008	2	552
Vöcklamarkt	GP	1897–2002	1	553
Weyregg	GP	1982–2002	1	554
Zell am Moos	GP	1911–1968	1	555
Zipf	GP	1937–1961	1	556

8.10.17 Bezirk Wels-Land

Dienststellen	Bezeichnung	Jahre	Bd.	Lfd. Nr.
Bezirk Wels-Land				
Bachmanning	GP	1957–1963	1	557
Buchkirchen	GP	1918–1960	1	558
		1961–1994	2	559
Eberstalzell	GP	1850–1964	1	560
Lambach	GP	1914–1951	1	561
		1952–1994	2	562
		1995–2005	3	563
Lichtenegg	GP	1919–1939	1	564
Marchtrenk	GP	1901–1953	1	565
		1954–2005	2	566
		2006–2011	3	567
Pichl	GP	1919–1962	1	568
		1963–1990	2	569
		1991–1994	3	570
Sattledt	GP	1919–1974	1	571
		1975–2005	2	572
Stadl-Paura	GP	1950–1976	1	573
		1977–2000	2	574
		2001–2002	3	575
Steinerkirchen a. d. Traun	GP	1953–2003	1	576
Steinhaus	GP	1919–1955	1	577
		1956–1976	2	578
Thalheim	GP	1914–1991	1	579
		1992–2010	2	580
Weisskirchen	GP	1901–1962	1	581
Wels	GAK	1918–1949	1	582
		1950–1977	2	583
		1978–1993	3	584
	GP	1850–1967	1	585
Wels	Bahnhof	1922–1927	1	586

8.10.18 Zusammenfassung

Im Bereich des LGK Oberösterreich sind insgesamt 586 Gendarmerie-Chroniken existent. Diese teilen sich hinsichtlich der Organisationseinheiten und Dienststellen wie folgt auf:

ORGANISATIONSEINHEIT	GESAMT	GAK	BGK	POSTEN	SONSTIGE
LGK Oberösterreich, inkl. LVA	45				
Bezirk Braunau	35		3	32	
Bezirk Eferding	22		3	19	
Bezirk Freistadt	51	2	4	42	3
Bezirk Gmunden	53	2	5	46	
Bezirk Grieskirchen	29		4	25	
Bezirk Kirchdorf a. d. Krems	34		2	32	
Bezirk Linz-Land	35	3		27	5
Bezirk Perg	32		2	30	
Bezirk Ried im Innkreis	38	4	5	29	
Bezirk Rohrbach	28		1	27	
Bezirk Schärding	37		3	34	
Bezirk Steyr-Land	34	2	1	31	
Bezirk Urfahr-Umgebung	40	2	4	34	
Bezirk Vöcklabruck	43		6	36	1
Bezirk Wels-Land	30	3		26	1
GESAMT	586	18	43	470	10

Tab. 22: Chroniken des LGK Oberösterreich – Gesamtübersicht (eigene Darstellung).
Ansprechpartner:
Oberösterreichisches Landesarchiv, 4020 Linz, Anzengruberstraße 19
Telefon: +43 732 772014601
E-Mail: landesarchiv@ooe.gv.at

9. GESAMTRESÜMEE

Vor 110 Jahren, am 3. Juli 1914, wurde die Führung von Postenchroniken bei der Gendarmerie angeordnet. Im weiteren Verlauf wurden auch Chroniken für die LGK, die GAK und BGK sowie anderer Gendarmerie-Organisationen innerdienstlich festgelegt. Mit 1. Juli 2005 wurde schließlich – im Zusammenhang mit der Wachkörperreform und der damit verbundenen Auflösung der österreichischen Bundesgendarmerie am 30. Juni 2005 – die verpflichtete Führung von Dienststellen-Chroniken aufgehoben. Einzelne Polizeiinspektionen (PI) führen „ihre" Chroniken auch nach dem 1. Juli 2005 weiter und sichern auf diese Weise – zumindest in „ihrem" dienstlichen Bereich – die Erhaltung und Sicherung wichtiger Ereignisse und dienstlicher Begebenheiten.

Gendarmerie-Chroniken waren und sind wichtige exekutivhistorische Quellen, die sowohl für innerdienstliche Belange in den Bereichen „Exekutivgeschichte" und „Traditionspflege" als auch für externe Forschungseinrichtungen, Bildungsinstitutionen und private Forscher von großer Bedeutung sind.

Der vorliegenden Grundsatzband zur Thematik soll zum einen die rechtlichen und innerdienstlichen Entwicklungen im Bereich der Chronikführungen darstellen, zum anderen einen Überblick über die noch vorhandenen Gendarmerie-Chroniken (aufgeschlüsselt nach Bundesländern und Bezirken) geben.

Aktuell (Jahr 2024) sind in Österreich noch insgesamt 2685 Gendarmerie-Chroniken (Einzelbände) existent. Diese teilen sich hinsichtlich der Bundesländer, Organisationseinheiten und Dienststellen wie folgt auf:

BUNDESLAND	LGK	GAK	BGK	POSTEN	SONSTIGE	GESAMT
Vorarlberg	6	4	3	84	6	103
Steiermark	25	19	55	560	2	661
Tirol	7	3	11	230	6	257
Burgenland		4	7	109	4	124
Salzburg	3	2	19	172		196
Kärnten	11	9	23	278	6	327
Niederösterreich	8	6	24	378	15	431
Oberösterreich	45	18	43	470	10	586
GESAMT	105	65	185	2281	49	2685

Tab. 23: Gendarmerie-Chroniken in Österreich – Gesamtresümee (eigene Darstellung).

Sämtliche Chronik-Bände der österreichischen Gendarmerie wurden und werden von ressortinternen Institutionen (Fachzirkel „Exekutivgeschichte und Traditionspflege") und externen Forschungseinrichtungen digitalisiert und auf rechtlicher Grundlage nach den Archivierungsvorschriften gemäß dem österreichischen Bundesarchivgesetz erhalten.[160]

Neben der Fachabteilung im Bundesministerium für Inneres (Sektion III, Abteilung III-S-3, Historische Angelegenheiten) fungieren als Ansprechpartner in den Bundesländern:

1. Bundesland Vorarlberg:
- Vorarlberger Landesarchiv, 6900 Bregenz, Kirchstraße 28,
- Exekutivhistorischer Verein Vorarlberg (EHV-V), 6900 Bregenz, Bahnhofstraße 45,
- Fachzirkel „Exekutivgeschichte und Traditionspflege", LPD Vorarlberg, Bregenz.

2. Bundesland Tirol:
- Tiroler Landesarchiv, 6020 Innsbruck, Michael-Gaismair-Straße 1,
- Fachzirkel „Exekutivgeschichte und Traditionspflege", LPD Tirol, Innsbruck.

3. Bundesland Salzburg:
- Salzburger Landesarchiv, 5020 Salzburg, Michael-Pacher-Straße 40,
- Salzburger Exekutivhistorischer Museumsverein (SEM), 5020 Salzburg, Alpenstraße 90,
- Fachzirkel „Exekutivgeschichte und Traditionspflege", LPD Salzburg, Salzburg.

4. Bundesland Kärnten:
- Kärntner Landesarchiv, 9020 Klagenfurt, Sankt Ruprechter Straße 7,
- Fachzirkel „Exekutivgeschichte und Traditionspflege", LPD Kärnten, Klagenfurt.

5. Bundesland Steiermark:
- Steiermärkisches Landesarchiv, 8010 Graz, Karmeliterplatz 3,

---

160 BGBl. I Nr. 162/1999, Bundesgesetz über die Sicherung, Aufbewahrung und Nutzung von Archivgut des Bundes (Bundesarchivgesetz), in der Fassung BGBl. I Nr. 32/2018.

– Fachzirkel „Exekutivgeschichte und Traditionspflege", LPD Steiermark, Graz.

6. Bundesland Burgenland:
– Fachzirkel „Exekutivgeschichte und Traditionspflege", LPD Burgenland, Eisenstadt.

7. Bundesland Niederösterreich:
– Fachzirkel „Exekutivgeschichte und Traditionspflege", LPD Niederösterreich, St. Pölten.

8. Bundesland Oberösterreich:
– Oberösterreichisches Landesarchiv, 4020 Linz, Anzengruberstraße 19,
– Exekutivhistorischer Verein Oberösterreich (EHV-OÖ), 4240 Freistadt,
– Fachzirkel „Exekutivgeschichte und Traditionspflege", LPD Oberösterreich, Linz.

10. ABKÜRZUNGSVERZEICHNIS

Abkürzung	Bedeutung/Erläuterungen
a. A.	am Arlberg/am Achensee
a. Hkg.	am Hochkönig
a. L.	am Lech
a. Tgb.	am Tennengebirge
a. Z.	am Ziller
Abb.	Abbildung
Abs.	Absatz
a.D.	außer Dienst
a.d.	an der
Adj.	Adjutant
AHE	Allerhöchster Erlass
API	Autobahn Polizeiinspektion
AV	Amtliche Verlautbarung
AV-LGK	Amtliche Verlautbarung - Landesgendarmeriekommando
AV-GZD	Amtliche Verlautbarung - Gendarmeriezentraldirektion
BDG	Beamtendienstrechtsgesetz
BG	Bundesgendarmerie
BGBl.	Bundesgesetzblatt
BGK	Bezirksgendarmeriekommando
BH	Bezirkshauptmannschaft
BKA	Bundeskanzleramt
BMI	Bundesministerium für Inneres
GAK	Gendarmerie-Abteilungskommando
GDI	Gendarmerie-Dienstinstruktion
GES	Gendarmerie-Erlasssammlung
GG	Gendarmeriegesetz
Glstr.	Glocknerstraße
GP	Gendarmerieposten
GPK	Gendarmeriepostenkommando
GREKO	Grenzpolizeiinspektion

Abkürzung	Bedeutung/Erläuterungen
Großv.	Großvenediger
GÜP	Grenzüberwachungsposten
GZ	Geschäftszahl
i. A.	im Alpachtal
i. D.	im Defereggental
i. L.	im Lungau
i. Mkr.	im Mühlkreis
i. O.	im Oberinntal
i. P.	im Pitztal/im Pongau
i. S.	im Stubaital
i. T.	in Tirol
i. Th.	im Thale
i. Z.	im Zillertal
Kdo.	Kommando
k. k.	kaiserlich und königlich
KO	Kanzleiordnung
LGBl.	Landesgesetzblatt
LGK	Landesgendarmeriekommando
LVA	Landesverkehrsabteilung
NÖ	Niederösterreich
Nr.	Nummer
o.a.	oben angeführt
OÖ	Oberösterreich
PI	Polizeiinspektion
Pol	Polizei
RGBl.	Reichsgesetzblatt
SPG	Sicherheitspolizeigesetz
S.	Seite
St	Steiermark
StGBl.	Staatsgesetzblatt
T	Tirol
Tab.	Tabelle
Tr.	Triesting

Abkürzung	Bedeutung/Erläuterungen
udgl.	und dergleichen
VA	Verkehrsabteilung
VAASt	Verkehrsabteilung-Außenstelle
Z.	Ziffer
Zl.	Zahl

11. ABBILDUNGS- UND TABELLENVERZEICHNIS

Nr.	Bezeichnung	Seite
Abb. 1	Gendarmerie-Chronik – Inhaltsverzeichnis (GP Maxglan)	31
Abb. 2	Befehl des LGK für Vorarlberg – Führung von Chroniken	60
Tabelle 1	Darstellung der LGK-Struktur – allgemein, im Jahr 1918	19
Tabelle 2	Darstellung der LGK-Struktur – intern, im Jahr 1914	22
Tabelle 3	Darstellung der LGK-Struktur im Jahr 1919	23
Tabelle 4	Darstellung der Organisationsstruktur der österreichischen Bundesgendarmerie, Stand Jänner 1922	24
Tabelle 5	Darstellung der Organisationsstruktur der österreichischen Bundesgendarmerie mit Stand Jänner 1925 – *Summar*-Standesübersicht	24
Tabelle 6	Chronik des Gendarmerie-Beschaffungsamtes – Inhaltsverzeichnis	74
Tabelle 7	Chronik des Gendarmerie-Beschaffungsamtes – Anhang	75
Tabelle 8	Chroniken des LGK Vorarlberg – Gesamtübersicht	82
Tabelle 9	Darstellung der LGK-Struktur – intern (GAK/BGK/Posten), der Jahre 1914, 1919, 1922 und 1925	84
Tabelle 10	Chroniken des LGK Steiermark – Gesamtübersicht	108
Tabelle 11	Darstellung der LGK-Struktur – intern (GAK/BGK/Posten), der Jahre 1914, 1919, 1922 und 1925	109
Tabelle 12	Chroniken des LGK Tirol – Gesamtübersicht	120
Tabelle 13	Darstellung der LGK-Struktur – intern (GAK/BGK/Posten), der Jahre 1922, 1925, 1935 und 1938	121
Tabelle 14	Chroniken des LGK Burgenland – Gesamtübersicht	128
Tabelle 15	Darstellung der LGK-Struktur – intern (GAK/BGK/Posten), der Jahre 1914, 1919, 1922 und 1925	129
Tabelle 16	Chroniken des LGK Salzburg – Gesamtübersicht	136
Tabelle 17	Darstellung der LGK-Struktur – intern (GAK/BGK/Posten), der Jahre 1914, 1919, 1922 und 1925	138
Tabelle 18	Chroniken des LGK Kärnten – Gesamtübersicht	150
Tabelle 19	Darstellung der LGK-Struktur – intern (GAK/BGK/Posten), der Jahre 1914, 1919, 1922 und 1925	152
Tabelle 20	Chroniken des LGK Niederösterreich – Gesamtübersicht	169
Tabelle 21	Darstellung der LGK-Struktur – intern (GAK/BGK/Posten), der Jahre 1914, 1919, 1922 und 1925	171

Nr.	Bezeichnung	Seite
Tabelle 22	Chroniken des LGK Oberösterreich – Gesamtübersicht	192
Tabelle 23	Chroniken in Österreich – Gesamtresümee	193

12. QUELLEN- UND LITERATURVERZEICHNIS

ADLER, Alois/ABLEITINGER, Alfred: Vom Staat wider Willen zum Staat, den wir wollen. 50 Jahre Republik Österreich. Graz 1968.

AHRER, Michael: Landesgendarmeriekommando für Oberösterreich. In HÖRMANN, Fritz/ HESZTERA, Gerald: Zwischen Gefahr und Berufung. Gendarmerie in Österreich. Wien 1999, S. 400-401.

Alleruntertänigster Vortrag des treugehorsamsten provisorischen Ministers des Innern Alexander Bach. Zl. 3842/M. J./1849. Wien, 30. Mai 1849. In: NEUBAUER, Franz: Die Gendarmerie in Österreich 1849-1924, 2. Auflage. Wien 1925, S. 539-543.

Allgemeines Reichs- Gesetz- und Regierungsblatt für das Kaiserthum Österreich, XII. Stück, ausgegeben und versendet am 25. Jänner 1850. 19. Verordnung des Ministeriums für Inneren vom 18. Jänner 1850, wirksam für alle Kronländer, über die Organisierung der Gensd'armerie, RGBl. Nr. 19/1850. Wien, 18. Jänner 1850.

Almanach der österreichischen Bundesgendarmerie 2003/04. Wien 2003.

AV-GZD, Nr. 10, Jahrgang 1920, Rubrik: verschiedene Mitteilungen. Wien, 25. Mai 1920.

AV-GZD, Nr. 15, Jahrgang 1920, Rubrik: verschiedene Mitteilungen, Wien, 20. Juli 1920.

AV-GZD, Nr. 22, Jahrgang 1920, Nr. 70.544, Zahl 143, S. 109, vom 5. Dezember 1920. Erlass des Bundesministeriums für Inneres und Unterricht vom 1. Dezember 1920, betreffend den Wirkungskreis der Bezirksgendarmeriekommandanten und ihrer Stellvertreter.

AV-GZD, Nr. 16, Jahrgang 1921, Nr. 179.514, Zahl 113, S. 101, vom 31. Dezember 1921. Erlass des Bundesministeriums für Inneres vom 29. Dezember 1921, betreffend den Wirkungskreis der Bezirksgendarmeriekommandanten.

AV-GZD, Nr. 16, Jahrgang 1921, Rubrik: verschiedene Mitteilungen: Errichtung eines provisorischen Landesgendarmeriekommandos für das Burgenland. Wien, 31. Dezember 1921.

AV-GZD, Nr. 6, Jahrgang 1923, Rubrik: verschiedene Mitteilungen. Verlegung eines Abteilungskommandos. Im Bereich des LGK für Niederösterreich von Amstetten nach Melk (Nr. 267796 vom 6. Juni 1923). Wien, 28. Juni 1923.

AV-GZD, Nr. 10, Jahrgang 1929, Nr. 194.777, Zahl 53, S. 37, vom 11. Jänner 1930. Erlass des Bundeskanzleramtes, betreffend die Austragung der „Übersicht der erzielten Diensterfolge und geleisteten Dienste".

AV-GZD, Nr. 4, Jahrgang 1930, Rubrik: verschiedene Mitteilungen: Verlegung von Dienststellen (Bundesministerium für Inneres, Nr. 126590-10 vom 18. März 1930). Wien, 31. März 1930.

AV-GZD, Nr. 7, Jahrgang 1935, Nr. 313-445-GD.3, Zahl 26, S. 41, vom 29. Mai 1935. Verzeichnis über die im Bezirk begangenen strafbaren Handlungen, deren Täter nicht eruiert wurden; Abschaffung.

AV-GZD. Stellenplan der österreichischen Bundesgendarmerie (ausschließlich des provisorischen Landesgendarmeriekommandos für das Burgenland) für das Jahr 1922, zu Nr. 43091/1922, Beilage 1, graphische Darstellung.

AV-LGK-NÖ, Jahrgang 1923, Nr. 32, Punkt 7, Chronik der Posten, Weiterführung. Nr. 5.593 A. Wien, 31. Dezember 1923.

AV-LGK-NÖ, Jahrgang 1924, Nr. 4, Punkt 5, Chronik der Posten, ergänzende Weisungen. Nr. 5.593/23 A. Wien, 20. Februar 1924.

AV-LGK-NÖ, Jahrgang 1938, Nr. 10, Punkt 4, Chronik der Gendarmerie-Dienststellen; Auflegung einer Ergänzungschronik. E. Nr. 10.024. Wien, 22. April 1938.

AV-LGK-NÖ, Jahrgang 1940, Nr. 21, Punkt 16, Chroniken; Weiterführung. I a Pol./3-I-10. Wien, 21. August 1940.

AV-LGK-OÖ, Jahrgang 1923, Nr. 25, Punkt 6, Chronik der Posten, Weiterführung. Nr. 2.445 Adj. Linz, 27. Dezember 1923.

AV-LGK-OÖ, Jahrgang 1924, Nr. 2, Punkt 5, Chronik der Posten, Weiterführung, ergänzende Meldungen. Nr. 2.445 A. ex 1923. Linz, 20. Februar 1924.

AV-LGK-OÖ, Jahrgang 1938, Nr. 13, Punkt 92, Chronik der Gendarmerie-Dienststellen; Auferlegung einer Ergänzungschronik. LGK-Nr. 30 ad vom 13. April 1938. Linz, 27. April 1938.

AV-LGK-OÖ, Jahrgang 1940, Nr. 29, Punkt 270, Chroniken, Weiterführung in der Gendarmerie. Kdr.I-1001-Tgb.Nr. 2685/40 vom 10. August 1940. Linz, 14. August 1940.

AV-LGK-OÖ, Jahrgang 1945, Nr. 12, Punkt 2, Errichtung eines Landesgendarmeriekommandos für das Burgenland. E. Nr. 2414 (I/1) - 1945. Linz, 15. Oktober 1945.

AV-LGK-St, Jahrgang 1924, Nr. 2, Punkt V., Postenchronik. Nr. 5.386 Adj. Graz, 28. Jänner 1924.

AV-LGK-St, Jahrgang 1924, Nr. 24, Punkt II., Kriminalchronik der Gendarmerie. Nr. 3.225 A. Graz, 17. Juli 1924.

AV-LGK-St, Jahrgang 1925, Nr. 16, Punkt VI., Aktenmaterial für die Kriminalchronik, Vorlage. Nr. 1.845 A. Graz, 28. April 1925.

AV-LGK-St, Jahrgang 1938, Nr. 10, über Standesveränderungen für den Monat Oktober 1938, Zuwachs. Graz, 31. Oktober 1938.

AV-LGK-St, Jahrgang 1950, Nr. 80, Punkt V., Chronik, einheitliche Führung. E. Nr. 19.331/1950. Graz, 11. Dezember 1950.

AV-LGK-St, Jahrgang 1952, Nr. 5, Punkt 13, Chronik des LGK; Beiträge durch die Gendarmerie-Dienststellen. E. Nr. 11.216/1952. Graz, 7. Februar 1952.

BACHKÖNIG, Wolfgang: Landesgendarmeriekommando für das Burgenland. In: HÖRMANN, Fritz/HESZTERA, Gerald: Zwischen Gefahr und Berufung. Gendarmerie in Österreich. Wien 1999, S. 318.

Befehl des k. k. Landesgendarmeriekommandos Nr. 6, Zahl: 253, res., Chronik, vom 13. Juli 1914.

Befehl des Landesgendarmeriekommandos für Tirol vom 23. Mai 1927, Zahl: 1071 Adj.

BGBl. Nr. 164/1925, S. 622, Bundesgesetz vom 12. Mai 1925, betreffend die Betrauung der Polizeidirektion in Wien mit den von dem Wiener Bahngendarmeriekommando besorgten Geschäften des Sicherheitsdienstes im Bereich der Bahn- und Schifffahrtsunternehmungen.

BGBl. Nr. 566/1991, Bundesgesetz: Sicherheitspolizeigesetz – SPG, ausgegeben am 31. Oktober 1991.

BGBl. I Nr. 162/1999, Bundesgesetz über die Sicherung, Aufbewahrung und Nutzung von Archivgut des Bundes (Bundesarchivgesetz), in der Fassung BGBl. I Nr. 32/2018.

BGBl. 151/2004, Bundesgesetz, mit dem das Sicherheitspolizeigesetz, das Grenzkontrollgesetz, das Bundesgesetz über die Führung der Bundesgendarmerie im Bereich der Länder und die Verfügung über die Wachkörper der Bundespolizei und der Bundesgendarmerie und das Beamten-Dienstrechtsgesetz geändert wurden (SPG-Novelle 2005), ausgegeben am 30. Dezember 2004.

Bundeskanzleramt (BKA), Generaldirektion für die öffentliche Sicherheit, Nr. 67.525/1923 vom 9. Jänner 1924: LGK Burgenland; Chroniken der Posten – Anschaffung.

Bundeskanzleramt, Zahl: 57.932-15/1924, vom 15. April 1924, Gegenstand: Postenchronik – Drucksortenbeschaffung.

Bundeskanzleramt (Generaldirektion für die öffentliche Sicherheit), GZ: 348.832/G.D.3/36, Gegenstand: Führung der Chroniken; Antrag auf Abänderung der Richtlinien. Wien, im August 1936.

Bundesministerium für Inneres und Unterricht, Abt. 15, Zahl: 10.968 aus 1922.

Circular-Verordnung vom 18. Februar 1866, K. k. Armee-Verordnungsblatt Nr. 29/1866.

Circular-Verordnung vom 7.11.1873. Vgl. LECKER, Harald: Landesgendarmeriekommando für Steiermark. In: HÖRMANN, Fritz/HESZTERA, Gerald: Zwischen Gefahr und Berufung. Gendarmerie in Österreich. Wien 1999, S. 444.

Circular-Verordnung vom 4. Mai 1893, Nr. 9633/1537 III – Hinausgabe der Kanzlei-Vorschrift für die k. k. Gendarmerie. In: Verordnungsblatt für die kaiserlich-königliche Gendarmerie. Achtzehnter Jahrgang (Jänner bis Ende Dezember 1893), Nr. 1 bis 14, Nr. 4 vom 8. Mai 1893.

Dienstanweisung der LPD Steiermark, GZ 2700/39190/06, Betreff: Kanzleiordnung; Führen der Chronik. Graz, 8. September 2006.

Dienstanweisung der LPD Niederösterreich, GZ: P4/6676/2013, Betreff: Dienststellenchronik Führen bzw. Einsichtnahme. St. Pölten, 24. Mai 2013.

Dienst-Instruction für die Landes-Gensd'armerie. Wien 1850.

Erlass des Bundeskanzleramtes, Nr. 62.163, vom 14.12.1923. In: FÜRBÖCK, Hans (Hg.): Alphabetisches Erlassverzeichnis für die österreichische Bundesgendarmerie, 3. ergänzte und berichtigte Auflage. Wien 1955, S. 76.

Erlass des Bundeskanzleramtes, Nr. 30.773, vom 11.02.1924. Gegenstand: Chronik der Posten; Weiterführung – ergänzende Weisungen. In: FÜRBÖCK, Hans (Hg.): Alphabetisches Erlassverzeichnis für die österreichische Bundesgendarmerie, 3. ergänzte und berichtigte Auflage. Wien 1955, S. 77.

Erlass des Bundeskanzleramtes, Nr. 139.088-10/1926, vom 10.05.1926. In: FÜRBÖCK, Hans (Hg.): Alphabetisches Erlassverzeichnis für die österreichische Bundesgendarmerie, 3. ergänzte und berichtigte Auflage. Wien 1955, S. 77 f.

Erlass des Bundesministeriums für Inneres vom 5. August 1980, Zahl 5.671/13-II/4/80 (GDV-GÖV 14–8.8.1980).

Erlass des Bundesministeriums für Inneres – Chroniken der Gendarmerieposten; Einsichtnahme durch Privatpersonen bzw. Erteilung von Auskünften, vom 21. Jänner 1982, Zahl: 8.100/19-II/82 (GES – 27.05.1982).

Erlass des Bundesministeriums für Inneres – Gendarmeriechronik; Einsichtnahme bzw. Auskünfte, vom 14. Februar 1994, Zahl: 2106/17-II/4/93 (GES 91a – 31.01.2002).

Erlass des Bundesministeriums für Inneres, GZ BMI-OA1100/0099-II/1/b/2005, vom 2. Dezember 2005, Kanzleiordnung für die Landespolizeikommanden, ausgenommen Wien, und ihre nachgeordneten Dienststellen sowie das EKO Cobra.

Erlass des Bundesministeriums für Inneres, GZ: BMI-OA1100/0111-II/1/b/2006, vom 7. September 2006, Organisation; Ablauforganisation, Kanzleiordnung, Führen der Chronik.

Erlass „Führung beim LGK" vom 13. Jänner 1961, Z. 280.423-5 A/61. In: KEPLER, Leopold/ SANDHOFER, Walter (Hg.): Alphabetisches Erlassverzeichnis der österreichischen Bundesgendarmerie. 1. Lieferung, 15. VII. 1963, Wien 1970, Blatt 66–67.

Exekutiv-Historischer-Verein Vorarlberg (Hg.): Festschrift 100 Jahre Polizeikommando Vorarlberg. Gendarmeriegeschichte. Von der Gründungsphase bis zum Ersten Weltkrieg. Bregenz 2020.

Extra-Ausgabe der Wiener Zeitung vom 17. Oktober 1918, Nr. 240.

FÜRBÖCK, Johann: Die österreichische Gendarmerie in den beiden demokratischen Republiken. Heft 1 von 1918 bis 1938. Wien 1965.

GEBHARDT, Helmut: Die Gendarmerie in der Steiermark von 1850 bis heute. Graz 1997, S. 440.

Gendarmerievorschriften – Ökonomisch-administrativer Teil (bearbeitet als Lehr-, Lern- und Nachschlagebehelf für die österreichische Bundesgendarmerie von Gendarmerieoberst Dr. Arnold Lichem, Kommandant der Zentralschule der österreichischen Bundesgendarmerie), 1. Auflage, Wien 1931.

Gendarmerievorschriften (bearbeitet als Lehr-, Lern- und Nachschlagebehelf für die österreichische Bundesgendarmerie) von Gendarmerieoberst Dr. Arnold Lichem, Landesgendarmeriekommandant für Niederösterreich, 2. Auflage, Wien 1935.

Gendarmerievorschriften – Ökonomisch-administrativer Teil (bearbeitet als Lehr-, Lern- und Nachschlagebehelf für die österreichische Bundesgendarmerie von Gendarmerieoberst Dr. Arnold Lichem, eingeteilt im Bundeskanzleramte), 2. Auflage, Wien 1936.

HAMMERSCHMIDT, Ernst (Hg.): 125 Jahre Gendarmerie in Österreich. Wien 1975.

HESZTERA, Franz: Die Kommandostrukturen der Gendarmerie von 1850 bis 1993. Wien 1994.

HOFMANN, Harald/HÖRMANN, Fritz: Landesgendarmeriekommando für Salzburg. In: HÖRMANN, Fritz/HESZTERA, Gerald: Zwischen Gefahr und Berufung. Gendarmerie in Österreich. Wien 1999, S. 432-433.

HRIBERNIGG, Reinhold: Landesgendarmeriekommando für Kärnten. In: HÖRMANN, Fritz/ HESZTERA, Gerald: Zwischen Gefahr und Berufung. Gendarmerie in Österreich. Wien 1999, S. 334-335.

HUTER, Gottlieb: Landesgendarmeriekommando für Tirol. In: HÖRMANN, Fritz/HESZTERA, Gerald: Zwischen Gefahr und Berufung. Gendarmerie in Österreich. Wien 1999, S. 478-479.

Jahrbuch für die k. k. Gendarmerie der im Reichsrathe vertretenen Königreiche und Länder für das Jahr 1914. Wien 1914.

Kaiserliche Verordnung vom 8. Juni 1849, womit die Errichtung einer Gensd'armerie im ganzen Umfange des österreichischen Kaisertums nach den angetragenen Grundsätzen genehmigt wird. In: Allgemeines Reichs-, Gesetz- und Regierungsblatt für das Kaisertum Österreich, Jahrgang 1849, Nr. 272.

Kanzleiordnung für die österreichische Bundesgendarmerie. Erlass des Bundesministeriums für Inneres, Generaldirektion für die öffentliche Sicherheit, Zahl 222.025-5/56 vom 16. Oktober 1956.

Kanzleivorschrift für die k. k. Gendarmerie, I. Teil, Für die Gendarmerieposten- und Bezirksgendarmeriekommanden. Wien 1904.

Kanzleivorschrift für die k. k. Gendarmerie, II. Teil, Für die Gendarmerieabteilungs- und Landesgendarmeriekommanden. Wien 1904.

KEPLER, Leopold: Die Gendarmerie in Österreich 1849–1974. 125 Jahre Pflichterfüllung. Graz 1974.

Korpsbefehl Nr. 9, Res. Nr. 1020, des k. k. Gendarmerieinspektors Tisljar vom 3. Juli 1914.

K. k. LGK Nr. 11, Salzburg, Tagsbefehl vom 1. Juli bis 31. Juli 1914, Nr. 87, Chronik am Posten. Salzburg 1914.

Kundmachung des Reichsstatthalters in Österreich, wodurch das Gesetz über Gebietsveränderungen im Lande Österreich vom 1. Oktober 1938 bekanntgemacht wird. Nr. 443, Artikel I., Gebietsveränderungen, Punkt 2. In: Sonderabdruck für die Gendarmerie aus dem Gesetzblatt für das Land Österreich, Jahrgang 1938, S. 1460.

LGBl., Stück 38, Nr. 99/2012, Verordnung der Steiermärkischen Landesregierung vom 20. September 2012 über Sprengel, Bezeichnung und Sitz der Bezirkshauptmannschaften in der Steiermark (Steiermärkische Bezirkshauptmannschaftenverordnung), ausgegeben am 30. Oktober 2012.

LGBl., Stück 36, Nr. 102/2011, ausgegeben am 20. Dezember 2011. Gesetz vom 18. Oktober 2011, mit dem u.a. das Steiermärkische Bezirkshauptmannschaftengesetz (Artikel 1) geändert wird.

LGK-Nr. 14, Kärnten, LGK-Befehl Nr. 1768 A vom 20. Juli 1914.

LGK für das Burgenland, E. Nr. 5020 Adj./4393 Ö.R. vom 28. Dezember 1923: Chroniken der Posten; Bitte um Anschaffungsbewilligung.

LGK für Steiermark, Nr. 328 Adj. Zahl: 25.731/24, vom 15. Jänner 1924, Chronikführung – Meldung. Graz, 15. Jänner 1924.

LGK für Tirol, Zahl: 3758, Betreff: Chronik; Richtlinien für den Führung, Abänderung. Innsbruck, am 31. Juli 1936.

LPD-Befehl der LPD Oberösterreich, GZ: 2700/36386-STA/06-2006, Betreff: Kanzleiordnung – Führen der Chronik. Linz, 21. September 2006.

LPD-Befehl der LPD Kärnten, GZ: 2700/28970-StA/06-2006, Betreff: Organisation; Ablauforganisation, Kanzlei-ordnung – Führen der Chronik. Klagenfurt, 21. September 2006.

LPD-Befehl der LPD Kärnten, GZ: 2700/33922-StA/07, vom 8. Jänner 2008, Betreff: Chronik – Einsichtnahme bzw. Auskünfte. Klagenfurt, 8. Jänner 2008.

LPD-Erlass der LPD Burgenland, GZ: P4/25945/2012, Betreff: Führung chronikaler Aufzeichnungen bei Bezirkspolizeikommanden, Stadtpolizeikommanden und Polizeiinspektionen. Eisenstadt, 12. November 2012.

MALLI, Rupert: Landesgendarmeriekommando für Niederösterreich. In: HÖRMANN, Fritz/HESZTERA, Gerald: Zwischen Gefahr und Berufung. Gendarmerie in Österreich. Wien 1999, S. 352-353.

NEUBAUER, Franz: Die Gendarmerie in Österreich 1849–1924 (im Auftrage der Gendarmeriezentraldirektion). Wien 1925.

PERFLER, Arnold: Landesgendarmeriekommando für Vorarlberg. In: HÖRMANN, Fritz/HESZTERA, Gerald: Zwischen Gefahr und Berufung. Gendarmerie in Österreich. Wien 1999, S. 496-497.

PERFLER, Arnold: Soziale Entwicklung, Dienstzeit, Unterkünfte von 1919–1971. In: HÖRMANN, Fritz/HESZTERA, Gerald: Zwischen Gefahr und Berufung. Gendarmerie in Österreich. Wien 1999, S. 48–111.

RGBl. für die im Reichsrathe vertretenen Königreiche und Länder, VII. Stück, Nr. 19, ausgegeben und versendet am 29. Jänner 1876.

SANDGRUBER, Roman: Das 20. Jahrhundert. Wien 2003.

SCHEUCH, Manfred: Historischer Atlas Österreich. Wien 2000.

Schreiben des LGK für Niederösterreich an die Gendarmeriezentraldirektion, Nr. 2700 Adj., Führung der Postenchronik – Anstände. Wien, am 9. Juli 1926.

Standesübersicht des LGK Vorarlberg, Zahl 159/1920, vom 30. Juni 1920.

StGBl. für die Republik Österreich, Nr. 303/1920, ausgegeben am 21. Juli 1920. Staatsvertrag von Saint-Germain-en-Laye vom 10. September 1919. Wien, am 19. Juli 1920.